GRAMMAIRE

FRANÇOISE

D'APRÈS LHOMOND.

10428

Les Exemplaires exigés par la Loi ont été déposés
à la Bibliothèque impériale,

GRAMMAIRE

FRANÇOISE

D'APRÈS LHOMOND,

A l'usage des Lycées et Institutions,

Par Charles - Constant LE TELLIER,
Professeur de Belles - Lettres.

ONZIÈME ÉDITION.

A PARIS,

Chez { Le Prieur, Libraire, rue des Noyers, n°. 45; Belin, Libraire, quai des Augustins, n°. 55.

1811.

NOTE DE L'AUTEUR.

Cette Grammaire ; composée d'après le plan de Lhomond en 1805, a été favorablement accueillie par tous les Chefs des maisons d'éducation. La première édition s'étant écoulée très-rapidement, j'en donnai une seconde en 1806, et je m'appliquai à la rendre encore plus complète et plus correcte que la précédente. Mon travail eut tout le succès que j'avois osé m'en promettre, et les éditions se sont succédé depuis avec une grande rapidité. Les avantages qui distinguent cette Grammaire, consistent principalement dans la concision, la clarté et la simplicité, qui en rendent l'étude beaucoup plus facile aux élèves. Les règles de la formation des temps *dérivés* sout développées avec une méthode qui en facilite singulièrement l'application, et apprend en peu de temps aux jeunes gens à conjuguer exactement toute sorte de verbes. Le traité *des participes* est le plus complet que nous ayons. La méthode de faire les *parties du discours* ou l'analyse d'une phrase a été clairement développée et appliquée à un exemple tiré du *Télémaque*. Le chapitre des *adjectifs* et *des pronoms* fait connoître parfaitement en quoi ces deux parties d'oraison diffèrent l'une de l'autre. Les *prépositions*, les *conjonctions*, les *adverbes*, ont été traités avec le même soin. Des remarques intéressantes sur chaque espèce de mots employés dans la langue françoise, et sur les *locutions vicieuses* trop communes dans la société, ont complété mon travail, auquel j'ai cru devoir ajouter un traité ⬤ versification françoise.

C.-C. LE TELLIER.

GRAMMAIRE

FRANÇOISE

DE LE TELLIER.

INTRODUCTION.

La grammaire est l'art de parler et d'écrire correctement. Pour parler et pour écrire, on emploie des mots : les mots sont composés de lettres.

Il y a deux sortes de lettres, les *voyelles* et les *consonnes*.

Les voyelles sont *a, e, i, o, u,* et *y.* On les appelle *voyelles,* parce que, séules, elles forment une *voix,* un *son.*

Il y a trois sortes d'*e; e* muet, *é* fermé, *è* ouvert.

L'*e muet,* comme à la fin de ces mots, *homme, monde :* on l'appelle *muet,* parce que le son en est sourd et peu sensible.

L'*é fermé,* comme à la fin de ces mots, *bonté, café :* on l'appelle *é fermé,* parce qu'il se prononce la bouche presque fermée.

L'*è ouvert,* comme à la fin de ces mots, *procès, accès, succès :* on l'appelle *è ouvert,* parce que, pour le bien prononcer, il faut appuyer dessus, et desserrer les dents.

4

L'*y* grec s'emploie le plus souvent pour deux *ii*, comme dans *pays*, *moyen*, *joyeux*, qui se prononcent comme s'il y avoit *pai-is*, *moi-ien*, *joi-ieux*. Mais l'*y* n'a que la valeur de l'*i* simple, lorsqu'il est entre deux consonnes, comme dans ces mots dérivés du grec, *hymen*, *étymologie*, *hypocrisie*, *abyme* : prononcez *himen*, *étimologie*, *hipocrisie*, *abime*.

Il y a dix-neuf consonnes, savoir : *b*, *c*, *d*, *f*, *g*, *h*, *j*, *k*, *l*, *m*, *n*, *p*, *q*, *r*, *s*, *t*, *v*, *x*, *z*. Ces lettres s'appellent *consonnes*, parce qu'elles ne forment un son qu'avec le secours des voyelles, comme *ba*, *be*, *bi*, *bo*, *bu*, *fa*, *fe*, *fi*, *fo*, *fu*, *sa*, *se*, *si*, *so*, *su*, etc.

On appelle *syllabe*, une ou plusieurs lettres qui forment un son, et se prononcent par une seule émission de voix. *Lois* et *traits*, sont des mots d'une syllabe. Dans le mot *avoir*, *a* fait une syllabe, et *voir* en fait une autre. Les mots qui ne sont que d'une syllabe, s'appellent *monosyllabes*.

La lettre *h* est muette ou aspirée.

Elle est *muette*, lorsqu'elle ne se prononce pas, comme dans ces mots, *l'homme*, *l'honneur*, *l'histoire*, qu'on prononce comme s'il y avoit *l'omme*, *l'onneur*, *l'istoire*, (sans *h*).

Elle est *aspirée*, lorsqu'elle fait prononcer du gosier la voyelle qui suit, comme dans ces mots qu'on écrit et qu'on prononce séparément, *le héros*, et non pas *l'héros*, *la haine* et non pas *l'haine*. Ces mots, au pluriel, se prononcent sans aucune liaison avec la consonne précédente ; ainsi prononcez *les héros*, comme s'il y avoit *lé-héros*, et non pas *les zhéros*.

Des voyelles longues et brèves.

Les voyelles *longues* sont celles sur lesquelles on appuie plus long-temps que sur les autres en les prononçant.

Les voyelles *brèves* sont celles sur lesquelles on appuie moins long-temps.

Par exemple *a* est long dans *pâte* pour faire du pain, il est bref dans *patte* d'animal.

e est long dans *tempête*, et il est bref dans *trompette*.

i est long dans *gîte*, et bref dans *petite*.

o est long dans *apôtre*, et bref dans *dévote*.

u est long dans *flûte*, et bref dans *butte*.

Pour marquer les différentes sortes d'*e*, et les voyelles longues, on emploie trois petits signes que l'on nomme *accents* ; savoir, l'accent *aigu* (') qui se met sur les *é* fermés, *bonté* : l'accent *grave* (`) qui se met sur les *è* ouverts, *accès* : et l'accent *circonflexe* (^) qui se met sur la plupart des voyelles longues, *apôtre*..... L'accent aigu va de droite à gauche ; l'accent grave de gauche à droite ; l'accent circonflexe se forme de la réunion des deux autres, et a la figure d'un *v* renversé.

Il y a en françois dix sortes de mots que l'on appelle les *parties du discours*; savoir : le *nom*, l'*article*, l'*adjectif*, le *pronom*, le *verbe*, le *participe*, la *préposition*, l'*adverbe*, la *conjonction* et l'*interjection*.

CHAPITRE PREMIER.

PREMIÈRE ESPECE DE MOTS.

Le nom.

LE *nom* ou *substantif*, est un mot qui sert à nommer une personne ou une chose, comme *Pierre*, *Paul*, *livre*, *chapeau*.

Il y a deux sortes de noms, le nom *commun* et le nom *propre*.

Le nom *commun* est celui qui convient à plusieurs personnes, ou à plusieurs choses semblables ; *homme*, *cheval*, *maison*, sont des noms communs ; car le nom *homme* convient à *Pierre*, à *Paul*, etc.

Le nom *propre* est celui qui ne convient qu'à une seule personne ou à une seule chose , comme *Adam*, *Eve*, *Napoléon*, *Paris*, la *Seine*, etc.

Dans les noms , il faut considérer le *genre* et le *nombre*.

Il y a en françois deux genres, le *masculin* et le *féminin*. Les noms d'hommes ou de mâles sont du genre masculin, comme un *frère*, un *tion* : les noms de femmes ou de femelles sont du genre féminin, comme une *sœur*, une *lionne*. Ensuite, par imitation, on a donné le genre masculin ou le genre féminin à des choses qui ne sont ni mâles ni femelles, comme un *livre*, une *table*, le *soleil*, la *lune*, etc.

Il y a deux nombres, le *singulier* et le *pluriel*. Le singulier, quand on parle d'une seule personne ou d'une seule chose, comme un *homme*, un *livre* : le pluriel, quand on parle de plusieurs personnes ou de plusieurs choses, comme *les hommes*, *les livres*.

Comment se forme le pluriel dans les noms?

RÈGLE GÉNÉRALE.

Pour former le pluriel, ajoutez *s* à la fin du nom : le *père*, les *pères* ; la *mère*, les *mères* ; le *livre*, les *livres* ; la *table*, les *tables* ; la *loi*, les *lois*, etc.

Première remarque. Les noms terminés au singulier par *s*, *x* ou *z*, n'ajoutent rien au pluriel : le *fils*, les *fils* ; le *nez*, les *nez* ; la *voix*, les *voix*.

Deuxième remarque. Les noms terminés au singulier par *au*, *eu*, *ou*, prennent *x* au pluriel : le *bateau*, les *bateaux* ; le *feu*, les *feux* ; le *caillou*, les *cailloux*. Cependant quelques noms en *ou*, se terminent au pluriel par *s* : le *clou*, les *clous* ; le *sou*, les *sous* ;

le *trou*, les *trous* ; le *matou*, les *matous* ; le *filou*, les *filous* ; le *cou*, les *cous*.

Troisième remarque. La plupart des noms terminés au singulier par *al*, *ail*, font leur pluriel en *aux* : le *mal*, les *maux* ; le *cheval*, les *chevaux* ; le *travail*, les *travaux* ; le *corail*, les *coraux* ; le *bail*, les *baux* : mais les mots suivants, le *régal*, le *bal*, prennent *s* au pluriel : les *régals*, les *bals* ; il en est de même de *détail*, *éventail*, *portail*, *gouvernail*, *camail*, *épouvantail*, *attirail*, *sérail*, qui font au pluriel *détails*, *éventails*, *portails*, *gouvernails*, *camails*, *épouvantails*, *attirails*, *sérails*. Le *travail* fait aussi au pluriel les *travails*, quand il signifie une machine de bois dans laquelle les maréchaux attachent les chevaux fougueux pour les ferrer. *Aïeul*, *ciel*, *œil*, font au pluriel *aïeux*, *cieux*, *yeux*. Cependant on dit au pluriel *aïeuls*, quand on veut désigner précisément le grand-père paternel et le maternel ; exemple : *ses deux* aïeuls *ont rempli les premières charges*. (Acad.) On dit et on écrit au pluriel *ciels*, quand ce mot désigne ou le haut d'un lit, ou la partie d'un tableau, qui représente l'air ; exemple : *ces* ciels *de lits ne sont pas assez hauts ; ce peintre fait bien les* ciels. (Acad.) Enfin, on dit au pluriel des *œils de bœuf*, en parlant de petites lucarnes faites en rond dans la couverture des maisons.

Quatrième remarque. On supprime vulgairement le *t* dans le pluriel des mots terminés en *ant* et en *ent*. Ainsi, l'on écrit les *enfans*, les *commencemens ;* et par exception, l'on conserve le *t* dans les monosyllabes, les *gants*, les *dents ;* mais il vaudroit mieux suivre les auteurs du siècle de Louis XIV, et sur-tout les écrivains de Port-Royal, et ne jamais supprimer le *t* au pluriel. MM. Chénier, Domergue, M. Didot, dans ses belles éditions de nos auteurs classiques, suivent cette orthographe.

Cinquième remarque. Les noms propres, quand ils ne servent qu'à distinguer les personnes par leur nom, ne prennent point la marque du pluriel : *Les deux* Corneille *se sont distingués dans la république des Lettres.* — *Il est peu de magistrats aussi anciens dans la robe que les* Nicolaï *et les* Lamoignon. — *C'est ainsi que se sont conduits les plus grands capitaines, tels que les* Scipion, *les* Turenne, *les* Maurice, etc. Mais quand on comprend dans ces noms toutes les personnes qui ressemblent à celles qui les ont portés, on les met au pluriel, parce qu'ils deviennent alors des noms communs. Exemples : *Ces deux princes ont été les* Alexandres *de leur siècle.* — *Ils sont tous braves comme des* Césars. — *Tous les siècles n'enfantent pas des* Homères, *des* Virgiles, *des* Racines, etc. L'usage a consacré cette distinction.

CHAPITRE II.

SECONDE ESPÈCE DE MOTS.

L'Article le, la, les.

L'ARTICLE est un petit mot que l'on met devant les noms communs, et qui en fait connoître le genre et le nombre.

Nous n'avons qu'un article *le*, *la*, au singulier; *les*, au pluriel. *Le* se met devant un nom masculin singulier, *le père*; *la* se met devant un nom féminin singulier, *la mère*; *les* se met devant tous les noms pluriels, soit masculins, soit féminins, *les pères*, *les mères*. Ainsi, l'on connoît qu'un nom est du genre masculin, quand on peut mettre *le* devant ce nom : on connoît qu'un nom est du genre féminin, quand on peut mettre *la*.

Il y a deux remarques à faire sur l'article.

Première remarque. On retranche *e* dans le mot *le*, on retranche *a* dans *la*, quand le mot suivant commence par une voyelle, ou une *h* muette.

Ainsi, l'on dit *l'argent* pour *le argent*, *l'histoire* pour *la histoire*; mais alors on met à la place de la lettre retranchée cette petite figure (’), qu'on appelle une *apostrophe*.

Deuxième remarque. Pour joindre un nom à un mot précédent, on met *de* ou *à* devant ce nom; *fruit* de *l'arbre*; *utile* à *l'homme*.

Alors, au lieu de mettre *de le* devant un

nom masculin singulier qui commence par une consonne, on met la particule *du*.

Au lieu de *à le*, on met la particule *au*.

Devant un nom pluriel, *de les* se change en *des ; à les* se change en *aux*.

EXEMPLE.

SINGULIER MASCULIN.

Le Prince.
Maison *du* Prince pour *de le* Prince.
Je plais *au* Prince pour *à le* Prince.

PLURIEL MASCULIN.

Les Princes.
Maison *des* Princes pour *de les* Princes.
Je plais *aux* Princes pour *à les* Princes.

PLURIEL FÉMININ.

Les Princesses.
Maison *des* Princesses pour *de les* Princesses.
Je plais *aux* Princesses pour *à les* Princesses.

Au contraire *de* et *à* devant *la* ne se changent jamais.

la Princesse.
Maison *de la* Princesse.
Je plais *à la* Princesse.

CHAPITRE III.

TROISIÈME ESPÈCE DE MOTS.

L'Adjectif.

L'ADJECTIF est un mot que l'on ajoute au nom pour marquer la qualité d'une personne ou d'une chose, comme *bon* père, *bonne* mère; *beau* livre, *belle* image : ces mots, *bon, bonne, beau, belle,* sont des adjectifs joints aux substantifs *père, mère,* etc.

On connoît qu'un mot est adjectif, quand on peut y joindre le nom *personne* ou *chose*: ainsi, *habile, agréable,* sont des adjectifs, parce qu'on peut dire *personne habile, chose agréable.*

Les adjectifs ont les deux genres, *masculin* et *féminin*. Cette différence de genres se marque ordinairement par la dernière lettre.

Comment se forme le féminin dans les adjectifs ?

RÈGLE GÉNÉRALE. Quand un adjectif ne finit point par un *e* muet, on y ajoute un *e* muet pour former le féminin : *prudent, prudente; saint, sainte; méchant, méchante; petit, petite; poli, polie; vrai, vraie; nu, nue,* etc. Il y a beaucoup d'exceptions.

Première exception. Les adjectifs suivants : *blanc, franc, sec,* font au féminin, *blanche, franche, sèche; public, caduc, turc,* font *publique, caduque, turque; grec* fait *grecque.*

Deuxième exception. Les adjectifs en *f* font leur féminin en *ve*. Exemples : *bref, brève; naïf, naïve; vif, vive; neuf, neuve.*

Long fait *longue; favori* fait *favorite.*

Troisième exception. Un grand nombre d'adjectifs doublent, au féminin, leur dernière consonne, en prenant un *e* muet.

1º. Les adjectifs terminés en *l*, comme cruel, cruelle; éternel, éternelle; pluriel, plurielle; vermeil, vermeille; pareil, pareille; gentil, gentille; nul, nulle, etc. Il en est de même de *beau, nouveau, fou, mou, vieux*, qui ont au féminin, *belle, nouvelle, folle, molle, vieille*, parce qu'au masculin on dit aussi *bel, nouvel, fol, mol, vieil*, devant un nom qui commence par une voyelle ou par une *h* muette; un *bel homme*, un *nouvel appartement*, un *fol espoir*, un *mol abandon*, un *vieil habit*. Mais les adjectifs en *al* forment leur féminin régulièrement; *filial, filiale; vénal, vénale; national, nationale*, etc... Il en est de même des huit adjectifs suivants, *sextil, bissextil, civil, incivil, subtil, vil, viril* et *volatil* (terme de chimie), qui font au féminin, *sextile, bissextile, civile, incivile, subtile, vile, virile, volatile*.... *Fidelle* et *tranquille* s'écrivent avec deux *l*, soit au masculin, soit au féminin; *mari fidelle, épouse fidelle* (Acad.); *sommeil tranquille, ame tranquille*. (Acad.)

2º. Les adjectifs terminés en *n*, comme *bon, bonne; ancien, ancienne; chrétien, chrétienne; païen, païenne*, etc. Mais *musulman* fait *musulmane*; *mahométan* fait *mahométane*; *malin* et *bénin* font *malign* et *bénigne*; *masculin, féminin*, font *masculine, féminine*, etc.

3º. Les adjectifs terminés en *s*, comme

épais, épaisse; gros, grosse; gras, grasse; las, lasse, etc. Cependant, *ras* fait *rase; mauvais, niais,* font *mauvaise, niaise; frais* fait *fraîche; tiers* fait *tierce.*

4°. Les adjectifs terminés en *t.* Exemples: *net, nette; muet, muette; sujet, sujette; replet, replette; douillet, douillette; sot, sotte,* etc. Mais *discret, secret, inquiet, complet,* font *discrète, secrète, inquiète, complète; dévot, bigot,* font *dévote, bigote.*

Quatrième exception. Les adjectifs en *eur* font ordinairement leur féminin en *euse: trompeur, trompeuse; flatteur, flatteuse; menteur, menteuse.* Cependant les adjectifs qui expriment une comparaison forment leur féminin régulièrement. *Meilleur, meilleure; supérieur, supérieure; antérieur, antérieure,* etc.

Cinquième exception. Les adjectifs terminés en *x* se changent en *se; honteux, honteuse; dangereux, dangereuse; jaloux, jalouse,* etc. Mais *doux* fait *douce; roux* fait *rousse; faux* fait *fausse.*

Comment se forme le pluriel dans les adjectifs?

Le pluriel, dans les adjectifs, se forme comme dans les noms, en ajoutant *s* à la fin: *bon, bonne;* au pluriel, *bons, bonnes.*

Les adjectifs dont le masculin se termine en *au* et en *ou,* prennent *x* au pluriel;

beau, beaux; fou, foux; mais *bleu* fait au pluriel *bleus : des yeux bleus.* (Acad.)

Les adjectifs en *al* font leur pluriel en *aux; égal, égaux; national, nationaux.* Mais un grand nombre d'adjectifs qui finissent par *al,* n'ont pas de pluriel masculin, comme *filial, fatal, frugal, pascal, pastoral, naval, trivial, vénal, littéral, conjugal, austral, boréal, final......* L'adjectif *châtain* ne prend point la marque du pluriel, quand il est suivi d'un autre adjectif qui le modifie. Ainsi on écrit des *cheveux châtains,* et des *cheveux châtain clair.* (Acad.) Le mot *aigre,* dans l'adjectif *aigredoux,* ne prend point le pluriel; des oranges *aigre-douces.* (Acad.)

SYNTAXE DES ADJECTIFS.

La *Syntaxe* est la manière d'accorder un mot avec un autre mot, ou de faire régir un mot par un autre mot. Ainsi, la syntaxe est la manière d'arranger les mots ensemble. Il y a deux sortes de syntaxes : la syntaxe d'*accord,* par laquelle on fait accorder deux mots en genre, en nombre, etc. ; et la syntaxe de *régime,* par laquelle un mot régit *de* ou *à* devant un autre mot.

ACCORD DES ADJECTIFS AVEC LEURS SUBSTANTIFS.

Règle. Tout adjectif doit être du même genre et du même nombre que le substantif auquel il se rapporte.

EXEMPLES.

Le bon père, *la bonne mère* : *bon* est du masculin et du singulier, parce que *père* est du masculin et du singulier. : *bonne* est du féminin et du singulier, parce que *mère* est du féminin et du singulier.

De beaux jardins, *de belles fleurs* : *beaux* est du masculin et au pluriel, parce que *jardins* est du masculin et au pluriel, *etc.*

Quand un adjectif se rapporte à deux substantifs singuliers, on met cet adjectif au pluriel, parce que deux singuliers valent un pluriel.

EXEMPLE.

Le Roi et le Berger sont égaux après la mort : (et non pas *égal.*)

Si les deux substantifs sont de différents genres, on met l'adjectif au masculin.

EXEMPLE.

Mon père et ma mère sont contents : (et non pas *contentes.*)

Quant à la place des adjectifs, il y en a qui se mettent avant le substantif, comme *beau* jardin, *grand* arbre, *etc.* D'autres se mettent après le substantif, comme *habit* rouge, *table* ronde, etc. L'usage est le seul guide à cet égard.

RÉGIME DES ADJECTIFS.

Règle. Pour joindre un substantif à un adjectif précédent, on met *de* ou *à* entre cet adjectif et le substantif : alors on appelle ce substantif le *régime* de l'adjectif.

EXEMPLES.

Digne de récompense, content de son sort, utile à l'homme, semblable à son père, propre à la guerre. Récompense est le régime de l'adjectif *digne,* parce qu'il est joint à cet adjectif par le mot *de.* L'homme est le régime de l'adjectif *utile,* parce qu'il est joint à cet adjectif par le mot *à.*

Adjectifs possessifs.

Les adjectifs *possessifs* sont ceux qui servent à marquer la possession de la chose dont on parle, comme *mon* livre, *votre* cheval, *son* chapeau, *etc.*

SINGULIER.		PLURIEL.
Masculin.	*Féminin.*	*Des deux genres.*
Mon.	Ma.	Mes.
Ton.	Ta.	Tes.
Son.	Sa.	Ses.
Notre.	Notre.	Nos.
Votre.	Votre.	Vos.
Leur.	Leur.	Leurs.

Remarque. Mon, ton, son, s'emploient au féminin devant une voyelle ou une *h* muette : on dit *mon* ame pour *ma* ame; *ton* humeur pour *ta* humeur, *son* épée pour *sa* épée.

Adjectifs démonstratifs.

Les adjectifs démonstratifs sont ceux qui servent à montrer la chose dont on parle, comme quand je dis : *ce* livre, *cette* table ; je montre un *livre*, une *table*.

SINGULIER.		PLURIEL.
Masculin.	*Féminin.*	*Des deux genres.*
Ce , cet.	Cette.	Ces.

Remarque. On met *ce* devant les noms qui commencent par une consonne ou une *h* aspirée : *ce* village, *ce* hameau.

On met *cet* devant une voyelle ou une *h* muette, *cet* oiseau, *cet* homme.

Noms et Adjectifs de nombre.

Les noms de nombre sont ceux dont on se sert pour compter.

Il y en a de deux sortes : les noms de nombres *cardinaux*, et les noms de nombres *ordinaux*.

Les noms de nombres *cardinaux* sont *un, deux, trois, quatre, cinq, six, sept, huit, neuf, dix, onze, douze, treize, quatorze, quinze, seize, dix-sept, dix-huit, dix-neuf, vingt, trente, quarante, cinquante, soixante, quatre-vingt, cent, mille, etc.*

Les noms de nombres *ordinaux* se forment des cardinaux : ces noms sont *premier, second, troisième, quatrième, cinquième, sixième, septième, huitième, neuvième, dixième*, etc.

Il y a encore des noms de nombre, qui servent à marquer une certaine quantité, comme *une dizaine, une douzaine*, etc.

Il y en a d'autres qui marquent les parties d'un tout, comme la *moitié*, le *tiers*, le *quart*, etc.

Enfin il y en a qui servent à multiplier, comme le *double*, le *triple*, etc.

Degrés de signification dans les adjectifs.

On distingue dans les adjectifs trois degrés de signification, le *positif*, le *comparatif*, et le *superlatif*.

Le *positif* n'est autre chose que l'adjectif même, comme *beau, belle, agréable*.

Le *comparatif*, c'est l'adjectif avec comparaison : quand on compare deux choses, on trouve que l'une est ou supérieure à l'autre, ou inférieure à l'autre, ou égale à l'autre.

Pour marquer un comparatif de *supériorité*, on met *plus* devant l'adjectif, comme *la rose est* plus *belle que la violette*.

Pour marquer un comparatif d'*infériorité*, l'on met *moins*, ou *pas si* devant l'adjectif, comme *la violette est* moins *belle, n'est pas si belle que la rose*.

Pour marquer un comparatif d'*égalité*,

on met *aussi* devant l'adjectif; comm[e]
rose est aussi *belle que la tulipe.*

Le mot *que* sert à joindre les deux ch[oses]
que l'on compare.

Nous avons trois adjectifs qui exprim[ent]
seuls une comparaison : *meilleur*, au lie[u de]
plus bon, qui ne se dit point; *moindre*[, au]
lieu de *plus petit*; *pire*, au lieu de [plus]
mauvais : comme la *vertu* est meilleure [que]
la science; *le mensonge est* pire que l'i[mbé]-
cilité.

L'adjectif est au *superlatif*, quand il [ex]-
prime la qualité dans un très-haut de[gré]
ou dans le plus haut degré. Pour form[er le]
superlatif, on met *très*, ou *le plus*, de[vant]
l'adjectif, comme *Paris est une très-b[elle]
ville*, et alors le superlatif s'appelle *absolu*[;]
Paris est la plus *belle des villes*; et ce [su]-
perlatif s'appelle *relatif*, parce qu'il mar[que]
un rapport aux autres villes.

CHAPITRE IV.

QUATRIÈME ESPÈCE DE MOTS.

Du Pronom.

Le *pronom* est un mot qui se met à [la]
place du nom.

On distingue les pronoms en *personn*[els,]

possessifs, *démonstratifs*, *relatifs*, *absolus* ou *interrogatifs* et *indéfinis*.

Pronoms personnels.

Les pronoms *personnels* sont ceux qui désignent les personnes.

Il y a trois personnes : la première est celle qui parle ; la seconde est celle à qui l'on parle ; et la troisième est celle de qui l'on parle.

Pronom de la première personne.

Ce pronom est des deux genres : masculin, si c'est un homme qui parle ; féminin, si c'est une femme.

Singulier. *Je* ou *moi*.

On dit *me* pour *à moi*, *moi*. Exemples : Vous *me* donnez un sage conseil, c'est-à-dire, vous donnez *à moi*. Vous *me* surprenez, c'est-à-dire, vous surprenez *moi*.

Pluriel. *Nous*.

Pronom de la seconde personne.

Il est aussi des deux genres : masculin, si c'est à un homme qu'on parle ; féminin, si c'est à une femme.

Singulier. *Tu* ou *toi*.

On dit *te* pour *à toi*, *toi*. Exemples : Je *te* donne un sage conseil, c'est-à-dire, je donne *à toi*. Je *te* prie, c'est-à-dire, je prie *toi*.

Pluriel. *Vous*.

B

Remarque. Par politesse, on dit *vous* au lieu de *tu* au singulier ; par exemple, en parlant à une dame : *vous* êtes bien aimable.

Pronom de la troisième personne.

Il, elle, ils, elles, lui, leur, eux, soi.

On dit *lui* pour *à lui, à elle.* Exemple : Vous *lui* parlerez, c'est-à-dire, vous parlerez *à lui, à elle.*

On dit *leur* pour *à eux, à elles.* Exemple : Vous *leur* parlerez, c'est-à-dire, vous parlerez *à eux, à elles.*

On dit *se* pour *à soi, soi.* Exemples : Il *se* fait un devoir, c'est-à-dire, il fait *à soi.* Il *se* perd, c'est-à-dire, il perd *soi.* Les Grammairiens appellent *pronom réfléchi* le pronom *se, soi,* parce qu'il marque le rapport d'une personne à elle-même.

Pronoms possessifs.

Les pronoms *possessifs* marquent la possession des choses.

SINGULIER.		PLURIEL.	
Masculin.	*Féminin.*	*Masculin.*	*Féminin.*
Le mien.	La mienne.	Les miens.	Les miennes.
Le tien.	La tienne.	Les tiens.	Les tiennes.
Le sien.	La sienne.	Les siens.	Les siennes.
		Des deux genres.	
Le nôtre.	La nôtre.	Les nôtres.	
Le vôtre.	La vôtre.	Les vôtres.	
Le leur.	La leur.	Les leurs.	

Remarque. Les mots *mon, ton, son, ma, ta, sa, mes, etc.* sont regardés mal à propos par quelques Grammairiens, comme des pronoms possessifs. Ces mots sont toujours joints à un nom, et il n'y a de véritables pronoms que les mots qui tiennent la place des noms.

Pronoms démonstratifs.

Les pronoms *démonstratifs* sont ceux qui servent à montrer les choses.

SINGULIER.		PLURIEL.	
Masculin.	*Féminin.*	*Masculin.*	*Féminin.*
Celui.	Celle.	Ceux.	Celles.
Celui-ci.	Celle-ci.	Ceux-ci.	Celles-ci.
Celui-là.	Celle-là.	Ceux-là.	Celles-là.
Ce, ceci, cela.			

Celui-ci, celle-ci, s'emploient pour montrer des choses qui sont proches : *celui-là, celle-là,* pour montrer des choses éloignées.

Pronoms relatifs.

Les pronoms *relatifs* sont ceux qui ont rapport à un nom ou à un autre pronom qui les précède, et qu'on appelle *antécédent.* Comme quand je dis, *Dieu* qui *a créé le monde : qui* se rapporte à *Dieu; le livre* que *je lis : que* se rapporte à *livre. Dieu* est l'*antécédent* du pronom relatif *qui; livre* est l'*antécédent* du pronom relatif *que.*

Les pronoms *qui*, *que*, sont des deux genres et des deux nombres.

SINGULIER.		PLURIEL.	
Masculin.	*Féminin.*	*Masculin.*	*Féminin.*
Lequel.	Laquelle.	Lesquels.	Lesquelles.

On dit *duquel* pour *de lequel. Le moyen* duquel *il s'est servi.* On dit *auquel* pour *à lequel. Je m'adresserai* auquel *il vous plaira.* On dit *auxquels* pour *à lesquels. Les amis* auxquels *il s'est adressé.*

On se sert de *dont* au lieu de *duquel*, *de laquelle*, *desquels*, et *desquelles*. Exemples : *Dieu*, dont *nous admirons les œuvres. La nature*, dont *nous ignorons les secrets. Les pays* dont *nous n'avons point de connoissance. Les affaires* dont *vous m'avez rendu compte.*

Quoi est aussi un pronom relatif des deux genres et des deux nombres. Exemples : *C'est un vice* à quoi *il est sujet. Ce sont des choses* à quoi *vous ne prenez pas garde.*

Le, *la*, *les*, sont des pronoms relatifs, dont le premier est pour le genre masculin, le second pour le féminin, le troisième pour les deux genres, au pluriel. *Voilà un bon livre, lisez-le. Vous avez la gazette, donnez-la moi. Quand vous aurez des nouvelles, vous me les ferez savoir.*

Le s'emploie aussi pour *cela*, et il est alors relatif à un adjectif qui précède, et n'a ni pluriel ni féminin. *Ma fille et ma nièce ont été enrhumées*, et le *sont encore*.

Enfin, il y a deux mots qui sont encore des pronoms relatifs, savoir *en* et *y*.

En sert à désigner une personne ou une chose dont on vient de parler. Exemples : *Cette affaire est délicate, le succès* en *est douteux*; c'est-à-dire, le succès de cette affaire est douteux. *Cette maladie est dangereuse, il pourroit bien* en *mourir. Vient-il de la cour? oui, il* en *vient*.

Y signifie à cela, à cet homme-là, en cet endroit-là. Exemples : *J'y répondrai dans la suite. C'est un honnête homme, fiez-vous-y. Voulez-vous y aller? J'y passerai, etc*.

Pronoms interrogatifs.

Les pronoms *interrogatifs* ou *absolus* sont ceux qui servent à interroger.

Qui, que, quoi.

On connoît que ces pronoms sont interrogatifs, quand ils n'ont point d'antécédent.

EXEMPLES.

Qui oseroit? etc.
Que faites-vous là?
A quoi pensez-vous?

Pronoms indéfinis.

Les pronoms *indéfinis* sont ceux qui ont une signification générale et indéterminée, comme *on, quiconque, chacun, etc*.

EXEMPLES.

On *frappe à la porte.*
Quiconque *passe par-là , doit payer tant.*
Chacun *sent son mal.*

Règle des pronoms.

Les pronoms doivent toujours être du même nombre et du même genre que le nom dont ils tiennent la place. Ainsi, en parlant de la tête, dites : elle *me fait mal ; elle,* parce que ce pronom se rapporte à *tête,* qui est du féminin et au singulier. Dites aussi : *ce sont vos affaires comme les* siennes ; *les siennes,* parce que ce pronom se rapporte à *affaires,* qui est du féminin et au pluriel.

Qui, *que, relatif,* s'accorde avec son antécédent en *genre,* en *nombre* et en *personne :* ainsi dans cet exemple : l'*enfant* qui *joue, qui* est du singulier et de la troisième personne, parce que l'*enfant* est du singulier et de la troisième personne ; il est du masculin, si c'est un petit garçon qui joue ; il est du féminin, si c'est une petite fille.

CHAPITRE V.

CINQUIÈME ESPÈCE DE MOTS.

Le Verbe.

Le verbe est un mot dont on se sert pour exprimer que l'on est, ou que l'on fait quelque chose : ainsi, le mot *être*, *je suis*, est un verbe ; le mot *lire*, *je lis*, est un verbe.

On connoît un verbe, en françois, quand on peut y ajouter ces pronoms, *je*, *tu*, *il*, *nous*, *vous*, *ils* ; comme je *lis*, tu *lis*, il *lit*, nous *lisons*, vous *lisez*, ils *lisent*.

Les pronoms *je*, *nous*, marquent la première personne, c'est-à-dire, celle qui parle ; *tu*, *vous*, marquent la seconde personne, c'est-à-dire, celle à qui l'on parle ; *il*, *elle*, *ils*, *elles*, et tout nom placé devant un verbe, marquent la troisième personne, celle de qui l'on parle.

Il y a dans les verbes deux nombres ; le *singulier*, quand on parle d'une seule personne, comme *je lis*, *l'enfant dort* : le *pluriel*, quand on parle de plusieurs personnes, comme *nous lisons*, *les enfants dorment*.

Il y a trois temps : le *présent* qui marque que la chose est ou se fait actuellement, comme *je lis*; le *passé* ou *prétérit*, qui marque que la chose a été faite, comme *j'ai lu*; le *futur*, qui marque que la chose sera ou se fera, comme *je lirai*.

On distingue plusieurs sortes de prétérits ou passés, savoir : un *imparfait*, *je lisois*, trois *parfaits*, *je lus*, *j'ai lu*, *j'eus lu*; et un *plusque-parfait*, *j'avois lu*.

On distingue aussi deux futurs : le *futur simple*, *je lirai*; et le futur *composé* ou *passé*, *j'aurai lu*.

Il y a cinq modes ou manières de signifier dans les verbes françois.

1°. *L'indicatif*, quand on affirme que la chose est, ou qu'elle a été, ou qu'elle sera.

2°. Le *conditionnel*, quand on dit qu'une chose seroit, ou qu'elle auroit été, moyennant une condition.

3°. *L'impératif*, quand on commande de la faire.

4°. Le *subjonctif*, quand on souhaite, ou qu'on doute qu'elle se fasse.

5°. *L'infinitif*, qui exprime l'action ou l'état en général, sans nombres ni personnes, comme *lire*, *être*.

Ecrire ou réciter de suite les différents modes d'un verbe avec tous leurs temps, leurs nombres et leurs personnes, cela s'appelle *conjuguer*.

Il y a en françois quatre conjugaisons dif-

férentes, que l'on distingue par la terminaison du présent de l'infinitif.

La première conjugaison a l'infinitif terminé en *er* comme *aimer*.

La seconde a l'infinitif terminé en *ir*,
comme *finir*.

La troisième a l'infinitif terminé en *oir*,
comme *recevoir*.

La quatrième a l'infinitif terminé en *re*,
comme *rendre*.

Il y a deux verbes que l'on nomme *auxiliaires*, parce qu'ils aident à conjuguer tous
les autres. Nous commencerons par ces deux
verbes.

Verbe auxiliaire AVOIR.

INDICATIF.

PRÉSENT.

Sing. J'ai.
Tu as (1).
Il *ou* elle a.
Plur. Nous avons.
Vous avez.
Ils *ou* elles ont.

IMPARFAIT.

J'avois.
Tu avois.
Il avoit.
Nous avions.
Vous aviez.
Ils *ou* elles avoient.

PRÉTÉRIT DÉFINI.

J'eus.
Tu eus.
Il eut.
Nous eûmes.
Vous eûtes.
Ils eurent.

---

(1) Toutes les secondes personnes du singulier ont une *s*
à la fin; excepté à l'impératif des verbes de la première conjugaison et de quelques-uns de la seconde.

PRÉTÉRIT INDÉFINI (1).

J'ai eu.
Tu as eu.
Il a eu.
Nous avons eu.
Vous avez eu.
Ils ont eu.

PRÉTÉRIT ANTÉRIEUR.

J'eus eu.
Tu eus eu.
Il eut eu.
Nous eûmes eu.
Vous eûtes eu.
Ils eurent eu.

PLUSQUE-PARFAIT.

J'avois eu.
Tu avois eu.
Il avoit eu.
Nous avions eu.
Vous aviez eu.
Ils avoient eu.

FUTUR SIMPLE.

J'aurai.
Tu auras.
Il aura.
Nous aurons.
Vous aurez.
Ils auront.

FUTUR COMPOSÉ.

J'aurai eu.
Tu auras eu.
Il aura eu.
Nous aurons eu.
Vous aurez eu.
Ils auront eu.

CONDITIONNELS.

PRÉSENT.

J'aurois.
Tu aurois.
Il auroit.
Nous aurions.
Vous auriez.
Ils auroient.

PASSÉ.

J'aurois eu.
Tu aurois eu.
Il auroit eu.
Nous aurions eu.
Vous auriez eu.
Ils auroient eu.

On dit aussi, *j'eusse eu, tu eusses eu, il eût eu, nous eussions eu, vous eussiez eu, ils eussent eu.*

---

(1) On appelle prétérit *défini* celui qui marque un temps entièrement passé; exemple : *j'eus hier la fièvre.* On appelle prétérit *indéfini*, celui qui marque un temps dont il peut rester encore quelque partie à s'écouler; exemple : *j'ai eu la fièvre aujourd'hui.* On appelle prétérit *antérieur*, celui qui marque une chose faite avant une autre; exemple : *dès que nous eûmes vu la fête, nous partîmes.*

IMPÉRATIF.

Point de première personne.

Aye.
Qu'il ait.
Ayons.
Ayez.
Qu'ils aient.

SUBJONCTIF.

PRÉSENT OU FUTUR.

Que j'aye.
Que tu ayes.
Qu'il ait.
Que nous ayons.
Que vous ayez.
Qu'ils aient.

IMPARFAIT

Que j'eusse.
Que tu eusses.
Qu'il eût.
Que nous eussions.
Que vous eussiez.
Qu'ils eussent.

PRÉTÉRIT.

Que j'aye eu.

Que tu ayes eu.
Qu'il ait eu.
Que nous ayons eu.
Que vous ayez eu.
Qu'ils aient eu.

PLUSQUE-PARFAIT.

Que j'eusse eu.
Que tu eusses eu.
Qu'il eût eu.
Que nous eussions eu.
Que vous eussiez eu.
Qu'ils eussent eu.

INFINITIF.

PRÉSENT.

Avoir.

PRÉTÉRIT.

Avoir eu.

PARTICIPES.

PRÉSENT.

Ayant.

PASSÉ.

Eu, eue, ayant eu.

FUTUR.

Devant avoir.

Verbe auxiliaire ETRE.

INDICATIF.
PRÉSENT.

Je suis.
Tu es.

Il *ou* elle est.
Nous sommes.
Vous êtes
Ils *ou* elles sont.

IMPARFAIT.

J'étois.
Tu étois.
Il *ou* elle étoit.
Nous étions.
Vous étiez.
Ils *ou* elles étoient.

PRÉTÉRIT DÉFINI.

Je fus.
Tu fus.
Il fut.
Nous fûmes.
Vous fûtes.
Ils furent.

PRÉTÉRIT INDÉFINI.

J'ai été.
Tu as été.
Il a été.
Nous avons été.
Vous avez été.
Ils ont été.

PRÉTÉRIT ANTÉRIEUR.

J'eus été.
Tu eus été.
Il eût été.
Nous eûmes été.
Vous eûtes été.
Ils eurent été.

PLUSQUE-PARFAIT.

J'avois été.
Tu avois été.
Il avoit été.
Nous avions été.
Vous aviez été.
Ils avoient été.

FUTUR SIMPLE.

Je serai.
Tu seras.
Il sera.
Nous serons.
Vous serez.
Ils seront.

FUTUR COMPOSÉ.

J'aurai été.
Tu auras été.
Il aura été.
Nous aurons été.
Vous aurez été.
Ils auront été.

CONDITIONNELS.

PRÉSENT.

Je serois.
Tu serois.
Il seroit.
Nous serions.
Vous seriez.
Ils seroient.

PASSÉ.

J'aurois été.
Tu aurois été.
Il auroit été.
Nous aurions été.
Vous auriez été.
Ils auroient été.

On dit aussi : *j'eusse été, tu eusses été, il eût été, nous eussions été, vous eussiez été, ils eussent été.*

IMPÉRATIF.

Point de première personne.
Sois.
Qu'il soit.
Soyons.
Soyez.
Qu'ils soient.

SUBJONCTIF.

PRÉSENT ou FUTUR.

Que je sois.
Que tu sois.
Qu'il soit.
Que nous soyons.
Que vous soyez.
Qu'ils soient.

IMPARFAIT.

Que je fusse.
Que tu fusses.
Qu'il fût.
Que nous fussions.
Que vous fussiez.
Qu'ils fussent.

PRÉTÉRIT.

Que j'aye été.

Que tu ayes été.
Qu'il ait été.
Que nous ayons été.
Que vous ayez été.
Qu'ils aient été.

PLUSQUE-PARFAIT.

Que j'eusse été.
Que tu eusses été.
Qu'il eût été.
Que nous eussions été.
Que vous eussiez été.
Qu'ils eussent été.

INFINITIF.

PRÉSENT.

Être.

PRÉTÉRIT.

Avoir été.

PARTICIPES.

PRÉSENT.

Étant.

PASSÉ.

Été, ayant été.

FUTUR.

Devant être.

PREMIÈRE CONJUGAISON,

En ER.

INDICATIF.
PRÉSENT.

J'aime.
Tu aimes.
Il *ou* elle aime.
Nous aimons.
Vous aimez.
Ils *ou* elles aiment.

IMPARFAIT.	PLUSQUE-PARFAIT.
J'aimois.	J'avois aimé.
Tu aimois.	Tu avois aimé.
Il *ou* elle aimoit.	Il avoit aimé.
Nous aimions.	Nous avions aimé.
Vous aimiez.	Vous aviez aimé.
Ils *ou* elles aimoient.	Ils avoient aimé.

PRÉTÉRIT DÉFINI.	FUTUR SIMPLE.
J'aimai.	J'aimerai.
Tu aimas.	Tu aimeras.
Il aima.	Il aimera.
Nous aimâmes.	Nous aimerons.
Vous aimâtes.	Vous aimerez.
Ils aimèrent.	Ils aimeront.

PRÉTÉRIT INDÉFINI.	FUTUR COMPOSÉ.
J'ai aimé.	J'aurai aimé.
Tu as aimé.	Tu auras aimé.
Il a aimé.	Il aura aimé.
Nous avons aimé.	Nous aurons aimé.
Vous avez aimé.	Vous aurez aimé.
Ils ont aimé.	Ils auront aimé.

CONDITIONNELS.

PRÉTÉRIT ANTÉRIEUR.	PRÉSENT.
J'eus aimé.	J'aimerois.
Tu eus aimé.	Tu aimerois.
Il eut aimé.	Il aimeroit.
Nous eûmes aimé.	Nous aimerions.
Vous eûtes aimé.	Vous aimeriez.
Ils eurent aimé (1).	Ils aimeroient.

---

(1) Il y a un quatrième prétérit, dont on se sert rarement ; le voici :

J'ai eu aimé.	Nous avons eu aimé.
Tu as eu aimé.	Vous avez eu aimé.
Il a eu aimé.	Ils ont eu aimé.

PASSÉ.

J'aurois aimé.
Tu aurois aimé.
Il auroit aimé.
Nous aurions aimé.
Vous auriez aimé.
Ils auroient aimé.

On dit aussi : *j'eusse aimé, tu eusses aimé, il eût aimé, nous eussions aimé, vous eussiez aimé, ils eussent aimé.*

IMPÉRATIF.

Point de première personne.
Aime.
Qu'il aime.
Aimons.
Aimez.
Qu'ils aiment.

SUBJONCTIF.

PRÉSENT ou FUTUR.

Que j'aime.
Que tu aimes.
Qu'il aime.
Que nous aimions.
Que vous aimiez.
Qu'ils aiment.

IMPARFAIT.

Que j'aimasse.
Que tu aimasses.
Qu'il aimât.

Que nous aimassions.
Que vous aimassiez.
Qu'ils aimassent.

PRÉTÉRIT.

Que j'aye aimé.
Que tu ayes aimé.
Qu'il ait aimé.
Que nous ayons aimé.
Que vous ayez aimé.
Qu'ils aient aimé.

PLUSQUE-PARFAIT.

Que j'eusse aimé.
Que tu eusses aimé.
Qu'il eût aimé.
Que nous eussions aimé.
Que vous eussiez aimé.
Qu'ils eussent aimé.

INFINITIF.

PRÉSENT.

Aimer.

PRÉTÉRIT.

Avoir aimé.

PARTICIPES.

PRÉSENT.

Aimant.

PASSÉ.

Aimé, aimée, ayant aimé.

FUTUR.

Devant aimer.

Ainsi se conjuguent tous les verbes dont l'infinitif se termine en *er*, tels que *estimer*, *adorer*, *chanter*, *manger*, *partager*, *appeler*, *amonceler*, *jeter*, *cacheter*, *essayer*, *employer*, *appuyer*, *menacer*, etc.

Dans les verbes en *ger*, le *g* doit toujours être suivi d'un *e* muet dans les temps où il y a un *a* ou un *o*, comme je *mangeai*, je *mangeois*, et non je *mangai*, je *mangois*.

Dans les verbes *appeler*, *amonceler* et autres semblables, la lettre *l* se double lorsqu'elle est suivie d'un *e* muet, comme j'*appelle*, j'*amoncelle*, je *chancelle*, je *nivelle*, j'*appellerai*, j'*amoncellerai*, je *chancellerai*, je *nivellerai*, etc. (Acad.)

Dans les verbes *jeter*, *cacheter*, et autres semblables, la lettre *t* se double dans les temps où elle est suivie d'un *e* muet, comme je *jette*, je *cachette*, je *jetterai*, je *cachetterai*, je *jetterois*, je *cachetterois*, etc.

Dans les verbes en *ayer*, *oyer*, *uyer*, comme *essayer*, *employer*, *appuyer*, il faut mettre un *i* après l'*y* dans les deux premières personnes plurielles de l'imparfait de l'indicatif, pour les distinguer des deux premières personnes plurielles du présent de l'indicatif; ainsi écrivez : nous *essayions*, nous *employions*, nous *appuyions*; vous *essayiez*, vous *employiez*, vous *appuyiez*. (**Acad.**)

Dans les verbes *menacer*, *effacer*, *agacer*, etc. le *c* prend une cédille devant l'*a* et l'*o*, je *menaçai*, je *menaçois*, etc.

SECONDE CONJUGAISON,

En IR.

INDICATIF.	PRÉTÉRIT INDÉFINI.
PRÉSENT.	
Je finis.	J'ai fini.
Tu finis.	Tu as fini.
Il finit.	Il a fini.
Nous finissons.	Nous avons fini.
Vous finissez.	Vous avez fini.
Ils finissent.	Ils ont fini.
IMPARFAIT.	**PRÉTÉRIT ANTÉRIEUR.**
Je finissois.	J'eus fini.
Tu finissois.	Tu eus fini.
Il finissoit.	Il eut fini.
Nous finissions.	Nous eûmes fini.
Vous finissiez.	Vous eûtes fini.
Ils finissoient.	Ils eurent fini (1).
PRÉTÉRIT DÉFINI.	**PLUSQUE-PARFAIT.**
Je finis.	J'avois fini.
Tu finis.	Tu avois fini.
Il finit.	Il avoit fini.
Nous finîmes.	Nous avions fini.
Vous finîtes.	Vous aviez fini.
Ils finirent.	Ils avoient fini.

---

(1) Il y a un quatrième prétérit, mais on s'en sert rarement ; le voici :

J'ai eu fini.	Nous avons eu fini.
Tu as eu fini.	Vous avez eu fini.
Il a eu fini.	Ils ont eu fini.

FUTUR SIMPLE.	IMPÉRATIF.
Je finirai.	*Point de première personne.*
Tu finiras.	Finis.
Il finira.	Qu'il finisse.
Nous finirons.	Finissons.
Vous finirez.	Finissez.
Ils finiront.	Qu'ils finissent.

FUTUR COMPOSÉ.	SUBJONCTIF.
	PRÉSENT ou FUTUR.
J'aurai fini.	Que je finisse.
Tu auras fini.	Que tu finisses.
Il aura fini.	Qu'il finisse.
Nous aurons fini.	Que nous finissions.
Vous aurez fini.	Que vous finissiez.
Ils auront fini.	Qu'ils finissent.

CONDITIONNELS.

PRÉSENT.	IMPARFAIT.
Je finirois.	Que je finisse.
Tu finirois.	Que tu finisses.
Il finiroit.	Qu'il finît.
Nous finirions.	Que nous finissions.
Vous finiriez.	Que vous finissiez.
Ils finiroient.	Qu'ils finissent.

PASSÉ.	PRÉTÉRIT.
J'aurois fini.	Que j'aye fini.
Tu aurois fini.	Que tu ayes fini.
Il auroit fini.	Qu'il ait fini.
Nous aurions fini.	Que nous ayons fini.
Vous auriez fini.	Que vous ayez fini.
Ils auroient fini.	Qu'ils aient fini.

	PLUSQUE-PARFAIT.
On dit aussi : *j'eusse fini, tu eusses fini, il eût fini, nous eussions fini, vous eussiez fini, ils eussent fini.*	Que j'eusse fini.
	Que tu eusses fini.
	Qu'il eût fini.
	Que nous eussions fini.

Que vous eussiez fini.	PARTICIPES.
Qu'ils eussent fini.	Présent.
INFINITIF.	Finissant.
Présent.	Passé.
Finir.	Fini, finie, ayant fini.
Prétérit.	Futur.
Avoir fini.	Devant finir.

Ainsi se conjuguent tous les verbes qui ont l'infinitif terminé en *ir*, comme *avertir, guérir, ensevelir, punir, adoucir, bénir, haïr, fleurir.*

Le verbe *bénir* a deux participes passés ; *bénit, bénite*, pour les choses consacrées par les prières des prêtres, du pain *bénit*, de l'eau *bénite*, un cierge *bénit*, une chandelle *bénite*; et *béni, bénie*, pour toutes les autres significations du verbe bénir. Un peuple *béni* de Dieu ; les ames *bénies* de Dieu sont toujours heureuses. (Acad.)

Haïr est de deux syllabes à l'infinitif, et s'écrit avec deux points sur l'*i* : il retient la même prononciation et la même orthographe dans tous les temps, excepté dans les trois personnes singulières du présent de l'indicatif, et dans la seconde personne singulière de l'impératif, où il n'est que d'une syllabe, et où il s'écrit sans les deux points. Je *hais*, tu *hais*, il *hait*, qu'on prononce je *hès*, tu *hès*, il *hèt*. (Acad.)

Fleurir, quand il signifie pousser de la

fleur, ou être en fleur, fait à l'imparfait et au participe présent, je *fleurissois*, *fleurissant*; mais quand on s'en sert au figuré, en parlant des arts, des sciences, des empires, *etc.* il fait *florissoit* à l'imparfait de l'*indicatif*, et *florissant* au participe présent ; exemples : Alors la poésie, l'éloquence *florissoient*; cet empire *florissoit* ; un tel auteur *florissoit* en ce siècle-là.

TROISIÈME CONJUGAISON,

En OIR.

INDICATIF.
PRÉSENT.

Je reçois.
Tu reçois.
Il reçoit.
Nous recevons.
Vous recevez.
Ils reçoivent.

IMPARFAIT.

Je recevois.
Tu recevois.
Il recevoit.
Nous recevions.
Vous receviez.
Ils recevoient.

PRÉTÉRIT DÉFINI.
Je reçus.
Tu reçus.
Il reçut.
Nous reçûmes.
Vous reçûtes.
Ils reçurent.

PRÉTÉRIT INDÉFINI.

J'ai reçu.
Tu as reçu.
Il a reçu.
Nous avons reçu.
Vous avez reçu.
Ils ont reçu.

PRÉTÉRIT ANTÉRIEUR.

J'eus reçu.
Tu eus reçu.
Il eut reçu.
Nous eûmes reçu.

Vous eûtes reçu.
Ils eurent reçu (1).

PLUSQUE-PARFAIT.

J'avois reçu.
Tu avois reçu.
Il avoit reçu.
Nous avions reçu.
Vous aviez reçu.
Ils avoient reçu.

FUTUR SIMPLE.

Je recevrai.
Tu recevras.
Il recevra.
Nous recevrons.
Vous recevrez.
Ils recevront.

FUTUR COMPOSÉ.

J'aurai reçu.
Tu auras reçu.
Il aura reçu.
Nous aurons reçu.
Vous aurez reçu.
Ils auront reçu.

CONDITIONNELS.

PRÉSENT.

Je recevrois.
Tu recevrois.
Il recevroit.
Nous recevrions.

Vous recevriez.
Ils recevroient.

PASSÉ.

J'aurois reçu.
Tu aurois reçu.
Il auroit reçu.
Nous aurions reçu.
Vous auriez reçu.
Ils auroient reçu.

On dit aussi : *j'eusse reçu, tu eusses reçu, il eût reçu, nous eussions reçu, vous eussiez reçu, ils eussent reçu.*

IMPÉRATIF.

Point de première personne.
Reçois.
Qu'il reçoive.
Recevons.
Recevez.
Qu'ils reçoivent.

SUBJONCTIF.

PRÉSENT ou FUTUR.

Que je reçoive.
Que tu reçoives.
Qu'il reçoive.
Que nous recevions.
Que vous receviez.
Qu'ils reçoivent.

---

(1) Il y a un quatrième prétérit, mais on s'en sert rarement ; le voici :

J'ai eu reçu.   Nous avons eu reçu.
Tu as eu reçu.   Vous avez eu reçu.
Il a eu reçu.   Ils ont eu reçu.

IMPARFAIT.

Que je reçusse.
Que tu reçusses.
Qu'il reçût.
Que nous reçussions.
Que vous reçussiez.
Qu'ils reçussent.

PRÉTÉRIT.

Que j'aye reçu.
Que tu ayes reçu.
Qu'il ait reçu.
Que nous ayons reçu.
Que vous ayez reçu.
Qu'ils aient reçu.

PLUSQUE-PARFAIT.

Que j'eusse reçu.
Que tu eusses reçu.

Qu'il eût reçu.
Que nous eussions reçu.
Que vous eussiez reçu.
Qu'ils eussent reçu.

INFINITIF.

PRÉSENT.

Recevoir.

PRÉTÉRIT.

Avoir reçu.

PARTICIPES.

PRÉSENT.

Recevant.

PASSÉ.

Reçu, reçue, ayant reçu.

FUTUR.

Devant recevoir.

Ainsi se conjuguent *apercevoir, concevoir, devoir, percevoir, prévoir.*

QUATRIÈME CONJUGAISON,

En RE.

INDICATIF.

PRÉSENT.

Je rends.
Tu rends.
Il rend.
Nous rendons.
Vous rendez.
Ils rendent.

IMPARFAIT.

Je rendois.
Tu rendois.
Il rendoit.
Nous rendions.
Vous rendiez.
Ils rendoient.

PRÉTÉRIT DÉFINI.

Je rendis.
Tu rendis.
Il rendit.
Nous rendîmes.
Vous rendîtes.
Ils rendirent.

PRÉTÉRIT INDÉFINI.

J'ai rendu.
Tu as rendu.
Il a rendu.
Nous avons rendu.
Vous avez rendu.
Ils ont rendu.

PRÉTÉRIT ANTÉRIEUR.

J'eus rendu.
Tu eus rendu.
Il eut rendu.
Nous eûmes rendu.
Vous eûtes rendu.
Ils eurent rendu (1).

PLUSQUE-PARFAIT.

J'avois rendu.
Tu avois rendu.
Il avoit rendu.
Nous avions rendu.
Vous aviez rendu.
Ils avoient rendu.

FUTUR SIMPLE.

Je rendrai.
Tu rendras.
Il rendra.
Nous rendrons.
Vous rendrez.
Ils rendront.

FUTUR COMPOSÉ.

J'aurai rendu.
Tu auras rendu.
Il aura rendu.
Nous aurons rendu.
Vous aurez rendu.
Ils auront rendu.

CONDITIONNELS.

PRÉSENT.

Je rendrois.
Tu rendrois.
Il rendroit.
Nous rendrions.
Vous rendriez.
Ils rendroient.

PASSÉ.

J'aurois rendu.
Tu aurois rendu.
Il auroit rendu.
Nous aurions rendu.
Vous auriez rendu.
Ils auroient rendu.

On dit aussi : *j'eusse rendu, tu eusses rendu, il*

---

(1) Il y a un quatrième prétérit, mais on s'en sert rarement ; le voici :

J'ai eu rendu.	Nous avons eu rendu.
Tu as eu rendu.	Vous avez eu rendu.
Il a eu rendu.	Ils ont eu rendu.

eût rendu, nous eussions rendu, vous eussiez rendu, ils eussent rendu.

IMPÉRATIF.

Point de première personne.

Rends.
Qu'il rende.
Rendons.
Rendez.
Qu'ils rendent.

SUBJONCTIF.

PRÉSENT ou FUTUR.

Que je rende.
Que tu rendes.
Qu'il rende.
Que nous rendions.
Que vous rendiez.
Qu'ils rendent.

IMPARFAIT.

Que je rendisse.
Que tu rendisses.
Qu'il rendît.
Que nous rendissions.
Que vous rendissiez.
Qu'ils rendissent.

PRÉTÉRIT.

Que j'aye rendu.

Que tu ayes rendu.
Qu'il ait rendu.
Que nous ayons rendu.
Que vous ayez rendu.
Qu'ils aient rendu.

PLUSQUE-PARFAIT.

Que j'eusse rendu.
Que tu eusses rendu.
Qu'il eût rendu.
Que nous eussions rendu.
Que vous eussiez rendu.
Qu'ils eussent rendu.

INFINITIF.

PRÉSENT.

Rendre.

PRÉTÉRIT.

Avoir rendu.

PARTICIPES.

PRÉSENT.

Rendant.

PASSÉ.

Rendu, rendue, ayant rendu.

FUTUR.

Devant rendre.

Ainsi se conjuguent *attendre, entendre, suspendre, vendre, prendre, fendre,* etc.

Des temps des Verbes.

Les *temps* des verbes se divisent en temps simples et en temps composés.

Les temps *simples* sont céux qui n'empruntent point un des temps du verbe *avoir* ou du verbe *être*, comme j'*aime*, je *finissois*, je *recevrai*, je *rendrai*, etc.

Les temps *composés* sont ceux qui se forment en empruntant un des temps du verbe *avoir*, ou du verbe *être*; comme j'*ai* aimé, je *suis* tombé, *etc.*

Les temps des verbes se divisent encore en temps primitifs et en temps dérivés.

Les temps *primitifs* sont ceux qui servent à former les autres temps dans les quatre conjugaisons, et qui ne sont eux-mêmes formés d'aucun autre.

Les temps *dérivés* sont ceux qui se forment des temps primitifs.

Il y a cinq temps primitifs, savoir :
Le présent de l'infinitif.
Le participe présent.
Le participe passé.
Le présent de l'indicatif.
Le prétérit défini.

Pour bien conjuguer un verbe, il faut en connoître les cinq temps primitifs.

Il faut ensuite savoir comment les temps dérivés se forment des temps primitifs.

C

TABLEAU DES TEMPS PRIMITIFS.

	Présent de l'Infinitif.	Participe présent.	Participe passé.	Présent de l'Indicatif.	Prétérit défini.
1e Conjugaison.	Aimer.	Aimant.	Aimé.	J'aime.	J'aimai.
2e Conjugaison.	Finir.	Finissant.	Fini.	Je finis.	Je finis.
	Unir.	Unissant.	Uni.	J'unis.	J'unis.
	Sentir.	Sentant.	Senti.	Je sens.	Je sentis.
	Mentir.	Mentant.	Menti.	Je ments.	Je mentis.
	Dormir.	Dormant.	Dormi.	Je dors.	Je dormis.
	Servir.	Servant.	Servi.	Je sers.	Je servis.
	Ouvrir.	Ouvrant.	Ouvert.	J'ouvre.	J'ouvris.
	Tenir.	Tenant.	Tenu.	Je tiens.	Je tins.
3^e Conjugaison.	Recevoir.	Recevant.	Reçu.	Je reçois.	Je reçus.
4e Conjugaison.	Rendre.	Rendant.	Rendu.	Je rends.	Je rendis.
	Craindre.	Craignant.	Craint.	Je crains.	Je craignis.
	Teindre.	Teignant.	Teint.	Je teins.	Je teignis.
	Joindre.	Joignant.	Joint.	Je joins.	Je joignis.
	Contredire.	Contredisant.	Contredit.	Je contredis.	Je contredis.
	Réduire.	Réduisant.	Réduit.	Je réduis.	Je réduisis.
	Connoître.	Connoissant.	Connu.	Je connois.	Je connus.
	Plaire.	Plaisant.	Plu.	Je plais.	Je plus.
	Fondre.	Fondant.	Fondu.	Je fonds.	Je fondis.
	Tondre.	Tondant.	Tondu.	Je tonds.	Je tondis.
	Mordre.	Mordant.	Mordu.	Je mords.	Je mordis.
	Tordre.	Tordant.	Tordu.	Je tords.	Je tordis.

Formation des temps dérivés.

Imparfait de l'indicatif.

L'imparfait de l'indicatif se forme du participe présent, en changeant *ant* en *ois* ; *aimant*, imparfait, *j'aimois* ; finissant, je *finissois* ; recevant, je *recevois* ; rendant, je *rendois*.

Il n'y a que deux exceptions : *ayant*, *j'avois*, *sachant*, je *savois*.

Nous avons déjà remarqué que les verbes de la première conjugaison en *ayer*, *oyer*, *uyer*, prennent un *i* après l'*y* aux premières et aux secondes personnes du pluriel de l'imparfait de l'indicatif, pour ne pas les confondre avec les mêmes personnes du présent de l'indicatif. Cette règle s'étend généralement à tous les verbes dont le participe présent est terminé en *yant*, de quelque conjugaison qu'ils soient. Ainsi, dans les verbes *fuir*, *voir*, *croire*, etc., qui ont le participe présent en *yant*, *fuyant*, *voyant*, *croyant*, il faut écrire à l'imparfait de l'indicatif : nous *fuyions*, nous *voyions*, nous *croyions*, vous *fuyiez*, vous *voyiez*, vous *croyiez*, etc.

Futur simple.

Le futur simple se forme du présent de l'infinitif en ajoutant *ai* pour les trois premières conjugaisons, et en changeant *e* en *ai* pour la quatrième.

Aimer, futur, j'*aimerai*; *finir*, je *finirai*; *prévoir*, je *prévoirai*; *rendre*, je *rendrai*.

EXCEPTIONS.

PREMIÈRE CONJUGAISON. *Envoyer*, futur, j'*enverrai*; *aller*, j'*irai*; *essayer*, j'*essaierai*; *employer*, j'*emploierai*; *appuyer*, j'*appuierai*.

SECONDE CONJUGAISON. *Tenir*, futur, je *tiendrai*; *venir*, je *viendrai*; *courir*, je *courrai*; *cueillir*, je *cueillerai*; *mourir*, je *mourrai*; *acquérir*, j'*acquerrai*.

TROISIÈME CONJUGAISON. *Recevoir*, futur, je *recevrai*; *avoir*, j'*aurai*; *échoir*, j'*écherrai*; *pouvoir*, je *pourrai*; *savoir*, je *saurai*; *s'asseoir*, je *m'asseyerai* ou je *m'assiérai*; *voir*, je *verrai*; *vouloir*, je *voudrai*; *mouvoir*, je *mouvrai*; *devoir*, je *devrai*; *valoir*, je *vaudrai*; *falloir*, il *faudra*; *pleuvoir*, il *pleuvra*.

QUATRIÈME CONJUGAISON. *Faire*, futur, je *ferai*; *être*, je *serai*.

Conditionnel présent.

Le conditionnel présent se forme du futur simple, en changeant *rai* en *rois*, sans exception.

J'*aimerai*, conditionnel, j'*aimerois*; je *finirai*, je *finirois*; je *recevrai*, je *recevrois*; je *rendrai*, je *rendrois*.

Impératif.

L'impératif se forme de la première personne du présent de l'indicatif, en ôtant seulement le pronom *je*.

EXEMPLE.

J'*aime*, impératif, *aime*; je *finis*, impér. *finis*; je *reçois*, impér. *reçois*; je *rends*, impér. *rends*.

Quatre verbes sont exceptés : je *suis*, imp. *sois*; j'*ai*, imp. *aye*; je *sais*, imp. *sache*; je *vais*, imp. *va*.

L'impératif *va*, prend une *s*, quand il est suivi du mot *y*, comme *vas-y*. Mais si après *y*, il suit un verbe, *va* s'écrira sans *s*. *Va y donner ordre.*

Dans les verbes en *er*, et dans ceux dont la première personne du présent de l'indicatif finit par un *e* muet, la seconde personne singulière de l'impératif prend une *s* après l'*e*, quand cette personne est suivie des pronoms *en*, *y*. On dit, *porte un livre*, *ouvre à ton frère*. Mais s'il suit *en* ou *y*, on dira : *portes-en à ton frère*; *apportes-y des livres*, etc. Cependant si *en* étoit préposition, le verbe ne prendroit point *s*. *Donne en cette occasion des preuves de ton zèle.*

3

Présent du Subjonctif.

Le présent du subjonctif se forme du participe présent, en changeant *ant* en un *e* muet. Exemple : *aimant*, que j'*aime*; *finissant*, que je *finisse*; *s'asseyant*, que je m'*asseye*; *rendant*, que je *rende*.

EXCEPTIONS.

PREMIÈRE CONJUGAISON. *Allant*, que j'*aille*; *effrayant*, que j'*effraie*; *employant*, que j'*emploie*; *essuyant*, que j'*essuie* : il en est de même de tous les verbes qui se conjuguent comme ces trois derniers.

SECONDE CONJUGAISON. *Tenant*, que je *tienne*; *venant*, que je *vienne*; *acquérant*, que j'*acquière*; *mourant*, que je *meure*; *fuyant*, que je *fuie*.

TROISIÈME CONJUGAISON. *Recevant*, que je *reçoive*; *devant*, que je *doive*; *pouvant*, que je *puisse*; *valant*, que je *vaille* (1); *mouvant*, que je *meuve*; *voyant*, que je *voie*; *voulant*, que je *veuille*; (2) *fallant*, qu'il *faille*.

QUATRIÈME CONJUGAISON. *Etant*, que je

---

(1) Que tu *vailles*, qu'il *vaille*, que nous *valions*, que vous *valiez*, qu'ils *vaillent*. Mais *prévaloir* forme régulièrement le présent du subjonctif, que je *prévale*, etc. qu'ils *prévalent*.

(2) Que tu *veuilles*, qu'il *veuille*, que nous *voulions*, que vous *vouliez*, qu'ils *veuillent*.

sois; *buvant*, que je *boive* ; *faisant*, que je *fasse* ; *croyant*, que je *croie* ; *prenant*, que je *prenne*.

Première remarque. La troisième personne du singulier de l'impératif et la troisième personne du singulier du présent du subjonctif, sont toujours semblables.

Deuxième remarque. La première et la seconde personne du pluriel du présent du subjonctif, sont semblables à la première et à la seconde personne du pluriel de l'imparfait de l'indicatif.

Imparfait du Subjonctif.

L'imparfait du subjonctif se forme du prétérit défini, en changeant *ai* en *asse* pour la première conjugaison : j'*aimai*, imparfait, que j'*aimasse* ; et en ajoutant seulement *se* pour les trois autres conjugaisons : je *finis*, que je *finisse* ; je *reçus*, que je *reçusse* ; je *rendis*, que je *rendisse*. Il n'y a point d'exception.

Remarque sur le présent de l'Indicatif.

Le présent de l'indicatif est un temps primitif, et par conséquent, ne se forme d'aucun autre ; mais ses trois personnes plurielles se forment du participe présent en cette sorte :

La première, en changeant *ant* en *ons* ;

exemples : *aimant*, nous *aimons* ; *finissant*, nous *finissons* ; *recevant*, nous *recevons*, *rendant*, nous *rendons*. Exceptions. *Etant*, nous *sommes* ; *ayant*, nous *avons* ; *sachant*, nous *savons*.

La seconde, en changeant *ant* en *ez* (1) ; exemples : *aimant*, vous *aimez* ; *finissant*, vous *finissez* ; *recevant*, vous *recevez* ; *rendant*, vous *rendez*. Exceptions. *Ayant*, vous *avez* ; *sachant*, vous *savez* ; *disant*, vous *dites* ; *faisant*, vous *faites*.

Enfin, la troisième en changeant *ant* en *ent* (2) ; exemples : *aimant*, ils *aiment* ; *finissant*, ils *finissent* ; *s'asseyant*, ils *s'asseyent* ; *rendant*, ils *rendent*.

EXCEPTIONS.

PREMIÈRE CONJUGAISON. *Allant*, ils *vont* ; *effrayant*, ils *effraient* ; *employant*, ils *emploient* ; *essuyant*, ils *essuient* ; et toutes les troisièmes personnes plurielles du présent de l'indicatif des verbes qui se conjuguent comme ces trois derniers.

SECONDE CONJUGAISON. *Venant*, ils *viennent* ; *tenant*, ils *tiennent* ; *acquérant*, ils

---

(1) Les secondes personnes du pluriel dans les verbes sont ordinairement terminées par *z*.

(2) Les troisièmes personnes du pluriel dans les verbes finissent par *ent*, excepté celles du futur, qui finissent par *ont*.

acquièrent ; mourant, ils meurent; fuyant, ils fuient.

TROISIÈME CONJUGAISON. *Recevant,* ils *reçoivent ; devant,* ils *doivent ; mouvant, ils meuvent ; pouvant,* ils *peuvent ; voulant, ils veulent ; voyant,* ils *voient ; sachant,* ils *savent ; ayant,* ils *ont.*

QUATRIÈME CONJUGAISON. *Etant,* ils *sont ; faisant,* ils *font ; buvant,* ils *boivent ; croyant,* ils *croient ; prenant,* ils *prennent.*

Formation des temps composés.

Tous les temps *composés* se forment du participe passé, en y joignant les temps des verbes auxiliaires *avoir, être,* comme *j'ai aimé, j'ai fini, j'ai reçu, j'ai rendu ; j'avois aimé, j'avois fini, j'avois reçu, j'avois rendu ; j'aurai aimé, j'aurai fini, j'aurai reçu, j'aurai rendu ;* que *j'eusse aimé,* que *j'eusse fini,* que *j'eusse reçu,* que *j'eusse rendu, etc. Je suis venu, j'étois venu, je serai venu, je serois venu,* que je *sois venu,* que je *fusse venu, etc.*

Verbes irréguliers.

On appelle *irréguliers* ou *anomaux,* les verbes qui ne suivent pas toujours la règle générale des conjugaisons.

Plusieurs de ces verbes ne sont pas usités à certains temps et à certaines personnes.

TEMPS PRIMITIFS
DES VERBES IRRÉGULIERS.

PRÉSENT DE L'INFINITIF.	PARTICIPE PRÉSENT.	PARTICIPE PASSÉ.	PRÉSENT DE L'INDICATIF.	PRÉTÉRIT DÉFINI.
PREMIÈRE CONJUGAISON.				
Aller.	Allant.	Allé.	Je vais (1).	J'allai.
Puer.	Puant.	Pué.	Je pus.	Je puai.
SECONDE CONJUGAISON.				
Courir.	Courant.	Couru.	Je cours.	Je courus.
Cueillir.	Cueillant.	Cueilli.	Je cueille.	Je cueillis.
Fuir.	Fuyant.	Fui,	Je fuis.	Je fuis.
Mourir.	Mourant.	Mort.	Je meurs.	Je mourus.
Faillir.	Faillant.	Failli.	Je faux.	Je faillis.
Acquérir.	Acquérant.	Acquis.	J'acquiers.	J'acquis.
Saillir.	Saillant.	Sailli.	Il saille.	Il saillit.
Tressaillir.	Tressaillant.	Tressailli.	Je tressaille.	Je tressaillis
Vêtir.	Vêtant.	Vêtu.	Je vêts.	Je vêtis.
Revêtir.	Revêtant.	Revêtu.	Je revêts.	Je revêtis.
TROISIÈME CONJUGAISON.				
Choir.				
Déchoir.		Déchu.	Je déchois.	Je déchus.
Echoir.	Echéant.	Echu.	Il échoit.	J'échus.
Falloir.		Fallu.	Il faut.	Il fallut.
Mouvoir.	Mouvant.	Mu.	Je meus.	Je mus.
Pleuvoir.	Pleuvant.	Plu.	Il pleut.	Il plut.
Pouvoir.	Pouvant.	Pu.	Je puis (2).	Je pus.
Savoir.	Sachant.	Su.	Je sais.	Je sus.
S'asseoir.	S'asseyant.	Assis.	Je m'assieds.	Je m'assis.
Surseoir.		Sursis.	Je surseois.	Je sursis.
Valoir.	Valant.	Valu.	Je vaux.	Je valus.
Voir.	Voyant.	Vu.	Je vois.	Je vis.
Pourvoir.	Pourvoyant.	Pourvu.	Je pourvois.	Je pourvus.
Vouloir.	Voulant.	Voulu.	Je veux.	Je voulus.

(1) Tu vas, il va, nous allons, vous allez, ils vont.
(2) Tu peux, il peut, nous pouvons, vous pouvez, ils peuvent.

PRÉSENT DE L'INFINITIF.	PARTICIPE PRÉSENT.	PARTICIPE PASSÉ.	PRÉSENT DE L'INDICATIF.	PRÉTÉRIT DÉFINI.
QUATRIÈME CONJUGAISON.				
Battre.	Battant.	Battu.	Je bats.	Je battis.
Boire.	Buvant.	Bu.	Je bois.	Je bus.
Braire.			Il brait.	
Bruire.	Bruyant.			
Circoncire.		Circoncis.	Je circoncis.	Je circoncis.
Clore, clorre		Clos.	Je clos.	
Conclure.	Concluant.	Conclu.	Je conclus.	Je conclus.
Confire.		Confit.	Je confis.	Je confis.
Répondre.	Répondant.	Répondu.	Je répons.	Je répondis.
Coudre.	Cousant.	Cousu.	Je couds.	Je cousis.
Croire.	Croyant.	Cru.	Je crois.	Je crus.
Dire.	Disant.	Dit.	Je dis.	Je dis.
Maudire.	Maudissant.	Maudit.	Je maudis.	Je maudis.
Écrire.	Écrivant.	Écrit.	J'écris.	J'écrivis.
Exclure.	Excluant.	Exclus.	J'exclus.	J'exclus.
Faire.	Faisant.	Fait.	Je fais.	Je fis.
Prendre.	Prenant.	Pris.	Je prends.	Je pris.
Lire.	Lisant.	Lu.	Je lis.	Je lus.
Luire.	Luisant.	Lui.	Je luis.	
Mettre.	Mettant.	Mis.	Je mets.	Je mis.
Moudre.	Moulant.	Moulu.	Je mouds.	Je moulus.
Naître.	Naissant.	Né.	Je nais.	Je naquis.
Nuire.	Nuisant.	Nui.	Je nuis.	Je nuisis.
Rire.	Riant.	Ri.	Je ris.	Je ris.
Rompre.	Rompant.	Rompu.	Je romps.	Je rompis.
Absoudre.	Absolvant.	Absous.	J'absous.	
Résoudre.	Résolvant.	Résous, résolu	Je résous.	Je résolus.
Suffire.	Suffisant.	Suffi.	Je suffis.	Je suffis.
Suivre.	Suivant.	Suivi.	Je suis.	Je suivis.
Traire.	Trayant.	Trait.	Je trais.	
Vaincre.	Vainquant.	Vaincu.	Je vaincs.	Je vainquis.
Vivre.	Vivant.	Vécu.	Je vis.	Je vécus.

Nous ne marquons pas les verbes *composés*, parce qu'ils suivent la conjugaison de leurs *simples* : par exemple, les composés *promettre, admettre,* etc., se conjuguent comme le verbe simple *mettre*.

Au moyen de cette table, et des règles que nous avons données sur la formation des temps, il n'y a point de verbe qu'on ne puisse conjuguer.

Accord des Verbes avec leur nominatif ou sujet.

On appelle *sujet* ou *nominatif* d'un verbe ce qui est, ou ce qui fait la chose que le verbe exprime. On trouve le nominatif en mettant *qui est-ce qui ?* devant le verbe. La réponse à cette question indique le *nominatif*; quand je dis : *l'enfant est sage*, *qui est-ce qui est sage ?* Réponse, *l'enfant* : voilà le nominatif ou sujet du verbe *est*. *Le lièvre court*, *qui est-ce qui court ?* Réponse, *le lièvre* : voilà le nominatif du verbe *court*.

RÈGLE.

Tout verbe doit être du même nombre et de la même personne que son nominatif ou sujet.

EXEMPLE.

Je parle : *parle* est du nombre singulier et de la première personne, parce que *je*, son nominatif, est du singulier et de la première personne. *Vous parlez tous deux ;* *parlez* est au nombre pluriel, et de la seconde personne, parce que *vous* est au nombre pluriel et de la seconde personne.

Première remarque. Quand un verbe a deux nominatifs singuliers, on met ce verbe au pluriel.

EXEMPLE.

Mon frère et ma sœur lisent.

Deuxième remarque. Quand les deux no-minatifs sont de différentes personnes, on met le verbe à la plus noble personne ; la première est plus noble que la seconde, la seconde est plus noble que la troisième.

EXEMPLES.

Vous et moi nous lisons.

Vous et votre frère vous lisez.

(La politesse françoise veut qu'on nomme d'abord la personne à qui l'on parle, et qu'on se nomme le dernier.)

RÉGIME DES VERBES ACTIFS.

On appelle verbes *actifs* ceux qui expriment une action dont l'objet est énoncé ou sous-entendu : ainsi, dans les phrases, *aimer Dieu, servir son ami, bâtir une maison, etc.*, les verbes *aimer, servir, bâtir,* sont des *verbes actifs. Dieu, ami, maison,* sont les objets de l'action que ces verbes expriment. L'objet de l'action que marque un verbe, s'appelle le *régime* de ce verbe. Dans cet exemple, *j'aime Dieu, Dieu* est le *régime* du verbe *j'aime.* On connoît le régime d'un verbe, en faisant la question, *qu'est-ce que ?* Ainsi, dans la phrase précédente, si vous demandez : *qu'est-ce que* j'aime ? la réponse sera, *Dieu.*

RÈGLE.

Le régime d'un verbe actif se place ordi-nairement après le verbe (quand ce n'est pas un pronom..)

EXEMPLES.

J'aime Dieu.

Le loup mange la brebis : la brebis est le régime du verbe *mange.*

Mais quand le régime est un pronom, il se met devant le verbe.

EXEMPLE.

Je vous *aime,* pour *j'aime* vous; il m'*aime,* pour *il aime* moi.

Remarque. Outre ce premier régime, qu'on appelle *direct* ou *simple,* certains verbes actifs peuvent avoir un second régime, qu'on appelle *indirect* ou *composé :* ce second régime se marque par les mots *à* ou *de :* comme *donner une image à l'enfant; enseigner la grammaire à l'enfant; écrire une lettre à son ami; à l'enfant,* est le régime indirect des verbes *donner, enseigner; à son ami,* est le régime indirect du verbe *écrire. Accuser quelqu'un de mensonge; avertir quelqu'un d'une faute; délivrer quelqu'un du danger : de mensonge,* est le régime indirect du verbe *accuser,* etc.

Tout verbe actif a un passif; ce passif se forme en prenant le régime *direct* de l'actif, pour en faire le nominatif du verbe passif; et en ajoutant après le verbe le mot *par* ou *de.* Ainsi pour tourner par le passif cette phrase : *le loup mange la brebis,* dites : *la brebis est mangée* par *le loup ; j'aime mon père tendrement,* dites : *mon père est tendrement aimé* de *moi.*

VERBES PASSIFS.

Le verbe *passif* est celui dont le *nominatif* ou *sujet* reçoit ou supporte l'action. Il n'y a qu'une seule conjugaison pour tous les verbes passifs ; elle se fait avec l'auxiliaire *être* dans tous ses temps, et le participe passé du verbe qu'on veut conjuguer.

Conjugaison des Verbes Passifs.

INDICATIF.
PRÉSENT.
Je suis aimé, *ou* aimée.
Tu es aimé, *ou* aimée.
Il est aimé, *ou* elle est aimée.
Nous sommes aimés, *ou* aimées.
Vous êtes aimés, *ou* aimées.
Ils sont aimés, *ou* elles sont aimées.
IMPARFAIT.
J'étois aimé, *ou* aimée.
Tu étois aimé, *ou* aimée.
Il étoit aimé, *ou* elle étoit aimée.
Nous étions aimés, *ou* aimées.
Vous étiez aimés, *ou* aimées.

Ils étoient aimés, *ou* elles étoient aimées.
PRÉTÉRIT DÉFINI.
Je fus aimé, *ou* aimée.
Tu fus aimé, *ou* aimée.
Il fut aimé, *ou* elle fut aimée.
Nous fûmes aimés, *ou* aimées.
Vous fûtes aimés, *ou* aimées.
Ils furent aimés, *ou* elles furent aimées.
PRÉTÉRIT INDÉFINI.
J'ai été aimé, *ou* aimée.
Tu as été aimé, *ou* aimée.
Il a été aimé, *ou* elle a été aimée.
Nous avons été aimés, *ou* aimées.

Vous avez été aimés, *ou* aimées.

Ils ont été aimés, *ou* elles ont été aimées.

PRÉTÉRIT ANTÉRIEUR.

J'eus été aimé, *ou* aimée.

Tu eus été aimé, *ou* aimée.

Il eut été aimé, *ou* elle eut été aimée.

Nous eûmes été aimés, *ou* aimées.

Vous eûtes été aimés, *ou* aimées.

Ils eurent été aimés, *ou* elles eurent été aimées.

PLUSQUE-PARFAIT.

J'avois été aimé, *ou* aimée.

Tu avois été aimé, *ou* aimée.

Il avoit été aimé, *ou* elle avoit été aimée.

Nous avions été aimés, *ou* aimées.

Vous aviez été aimés, *ou* aimées.

Ils avoient été aimés, *ou* elles avoient été aimées.

FUTUR SIMPLE.

Je serai aimé, *ou* aimée.

Tu seras aimé, *ou* aimée.

Il sera aimé, *ou* elle sera aimée.

Nous serons aimés, *ou* aimées.

Vous serez aimés, *ou* aimées.

Ils seront aimés, *ou* elles seront aimées.

FUTUR COMPOSÉ.

J'aurai été aimé, *ou* aimée.

Tu auras été aimé, *ou* aimée.

Il aura été aimé, *ou* elle aura été aimée.

Nous aurons été aimés, *ou* aimées.

Vous aurez été aimés, *ou* aimées.

Ils auront été aimés, *ou* elles auront été aimées.

CONDITIONNELS.

PRÉSENT.

Je serois aimé, *ou* aimée.

Tu serois aimé, *ou* aimée.

Il seroit aimé, *ou* elle seroit aimée.

Nous serions aimés, *ou* aimées.

Vous seriez aimés, *ou* aimées.

Ils seroient aimés, *ou* elles seroient aimées.

PASSÉ.

J'aurois été aimé, *ou* aimée.

Tu aurois été aimé, *ou* aimée.

Il auroit été aimé, *ou* elle auroit été aimée.

Nous aurions été aimés, *ou* aimées.

Vous auriez été aimés, *ou* aimées.

Ils auroient été aimés, *ou* elles auroient été aimées.

On dit aussi : j'eusse été aimé, ou aimée, tu eusses été aimé, ou aimée, il eût été aimé, ou elle eût été aimée, nous eussions été aimés, ou aimées, vous eussiez été aimés, ou aimées, ils eussent été aimés, ou elles eussent été aimées.

IMPÉRATIF.

Point de première personne.

Sois aimé, *ou* aimée.

Qu'il soit aimé, *ou* qu'elle soit aimée.

Soyons aimés, *ou* aimées.

Soyez aimés, *ou* aimées.

Qu'ils soient aimés, *ou* qu'elles soient aimées.

SUBJONCTIF.

Présent ou Futur.

Que je sois aimé, *ou* aimée.

Que tu sois aimé, *ou* aimée.

Qu'il soit aimé, *ou* qu'elle soit aimée.

Que nous soyons aimés, *ou* aimées.

Que vous soyez aimés *ou* aimées.

Qu'ils soient aimés, *ou* qu'elles soient aimées.

IMPARFAIT.

Que je fusse aimé, *ou* aimée.

Que tu fusses aimé, *ou* aimée.

Qu'il fût aimé, *ou* qu'elle fût aimée.

Que nous fussions aimés, *ou* aimées.

Que vous fussiez aimés, *ou* aimées.

Qu'ils fussent aimés, *ou* qu'elles fussent aimées.

PRÉTÉRIT.

Que j'aye été aimé, *ou* aimée.

Que tu ayes été aimé, *ou* aimée.

Qu'il ait été aimé, *ou* qu'elle ait été aimée.

Que nous ayons été aimés, *ou* aimées.

Que vous ayez été aimés, *ou* aimées.

Qu'ils aient été aimés, *ou* qu'elles aient été aimées.

PLUSQUE-PARFAIT.

Que j'eusse été aimé, *ou* aimée.

Que tu eusses été aimé, *ou* aimée.

Qu'il eût été aimé, *ou* qu'elle eût été aimée.

Que nous eussions été ai-
més, *ou* aimées.
Que vous eussiez été ai-
més, *ou* aimées.
Qu'ils eussent été aimés,
ou qu'elles eussent été
aimées.

INFINITIF.

PRÉSENT.

Être aimé, *ou* aimée.

PRÉTÉRIT.

Avoir été aimé, *ou* aimée.

PARTICIPES.

PRÉSENT.

Etant aimé, *ou* aimée.

PASSÉ.

Ayant été aimé, *ou* aimée.

FUTUR.

Devant être aimé, *ou* aimée.

Ainsi se conjuguent *être fini*, *être reçu*, *être rendu*, etc. etc. etc.

RÉGIME DES VERBES PASSIFS.

RÈGLE.

On met *de* ou *par* devant le nom ou pronom qui suit le verbe passif.

EXEMPLES.

La brebis est mangée par *le loup.*
Un enfant sage est aimé de ses parents.
Remarque. N'employez jamais *par* avec
le nom *Dieu*, dites :
Les méchants seront punis de *Dieu*, et
non pas *seront punis* par *Dieu.*

VERBES NEUTRES.

On appelle *neutres*, les verbes qui expriment un état, ou une action qui ne tombe

point sur un *objet*. Ainsi, les verbes neutres n'ont point de *régime direct*. Ils ne peuvent point être suivis des mots *quelqu'un*, *quelque chose*. On ne dira point : *languir quelqu'un*, *dormir quelque chose*. Ces verbes sont appelés *neutres*, parce qu'ils ne sont ni *actifs* ni *passifs* ; plusieurs ont un régime indirect marqué par *à* ou *de*. *Nuire* à *la santé*, *médire* de *quelqu'un*, etc.

La plupart des verbes neutres se conjuguent, comme les verbes actifs, avec l'auxiliaire *avoir* : *je dors*, *j'ai dormi* ; *j'avois dormi*, *j'aurois dormi*, etc.

Mais il y a des verbes neutres qui se conjuguent dans leurs temps composés avec l'auxiliaire *être*, comme *venir*, *arriver*, *tomber*, etc.

Conjugaison des Verbes Neutres.

INDICATIF.

PRÉSENT.

Je tombe.
Tu tombes.
Il , *ou* elle tombe.
Nous tombons.
Vous tombez.
Ils , *ou* elles tombent.

IMPARFAIT.

Je tombois.
Tu tombois.
Il , *ou* elle tomboit.
Nous tombions.
Vous tombiez.
Ils , *ou* elles tomboient.

PRÉTÉRIT DÉFINI.

Je tombai.
Tu tombas.
Il , *ou* elle tomba.
Nous tombâmes.

Vous tombâtes.

Ils, *ou* elles tombèrent.

PRÉTÉRIT INDÉFINI.

Je suis tombé, *ou* tombée.

Tu es tombé, *ou* tombée.

Il est tombé, *ou* elle est tombée.

Nous sommes tombés, *ou* tombées.

Vous êtes tombés, *ou* tombées.

Ils sont tombés, *ou* elles sont tombées.

PRÉTÉRIT ANTÉRIEUR.

Je fus tombé, *ou* tombée.

Tu fus tombé, *ou* tombée.

Il fut tombé, *ou* elle fut tombée.

Nous fûmes tombés, *ou* tombées.

Vous fûtes tombés, *ou* tombées.

Ils furent tombés, *ou* elles furent tombées.

PLUSQUE-PARFAIT.

J'étois tombé, *ou* tombée.

Tu étois tombé, *ou* tombée.

Il étoit tombé, *ou* elle étoit tombée.

Nous étions tombés, *ou* tombées.

Vous étiez tombés, *ou* tombées.

Ils étoient tombés, *ou* elles étoient tombées.

FUTUR SIMPLE.

Je tomberai.

Tu tomberas.

Il, *ou* elle tombera.

Nous tomberons.

Vous tomberez.

Ils, *ou* elles tomberont.

FUTUR COMPOSÉ.

Je serai tombé, *ou* tombée.

Tu seras tombé, *ou* tombée.

Il sera tombé, *ou* elle sera tombée.

Nous serons tombés, *ou* tombées.

Vous serez tombés, *ou* tombées.

Ils seront tombés, *ou* elles seront tombées.

CONDITIONNELS.

PRÉSENT.

Je tomberois.

Tu tomberois.

Il, *ou* elle tomberoit.

Nous tomberions.

Vous tomberiez.

Ils, *ou* elles tomberoient.

PASSÉ.

Je serois tombé, *ou* tombée.

Tu serois tombé, *ou* tombée.

Il seroit tombé, *ou* elle seroit tombée.

Nous serions tombés, *ou* tombées.

Vous seriez tombés , *ou* tombées.

Ils seroient tombés, *ou* elles seroient tombées.

On dit aussi : *je fusse tombé*, ou *tombée* , *tu fusses tombé*, ou *tombée* , *il fût tombé*, ou *elle fût tombée* , *nous fussions tombés*, ou *tombées, vous fussiez tombés* , ou *tombées, ils fussent tombés* , *ou elles fussent tombées.*

IMPÉRATIF.

Point de première personne.

Tombe.

Qu'il , *ou* qu'elle tombe.

Tombons.

Tombez.

Qu'ils , *ou* qu'elles tombent.

SUBJONCTIF.

Présent ou Futur.

Que je tombe.

Que tu tombes.

Qu'il , *ou* qu'elle tombe.

Que nous tombions.

Que vous tombiez.

Qu'ils , *ou* qu'elles tombent.

Imparfait.

Que je tombasse.

Que tu tombasses.

Qu'il , *ou* qu'elle tombât.

Que nous tombassions.

Que vous tombassiez.

Qu'ils , *ou* qu'elles tombassent.

Prétérit.

Que je sois tombé, *ou* tombée.

Que tu sois tombé, *ou* tombée.

Qu'il soit tombé , *ou* qu'elle soit tombée.

Que nous soyons tombés , *ou* tombées.

Que vous soyez tombés , *ou* tombées.

Qu'ils soient tombés , *ou* qu'elles soient tombées.

Plusque-parfait.

Que je fusse tombé , *ou* tombée.

Que tu fusses tombé , *ou* tombée.

Qu'il fût tombé, *ou* qu'elle fût tombée.

Que nous fussions tombés, *ou* tombées.

Que vous fussiez tombés , *ou* tombées.

Qu'ils fussent tombés , *ou* qu'elles fussent tombées.

INFINITIF.

Présent.

Tomber.

PRÉTÉRIT.	PASSÉ.
Être tombé, *ou* tombée. **PARTICIPES.** PRÉSENT.	Tombé, tombée, étant tombé.
Tombant.	**FUTUR.** Devant tomber.

Conjuguez de même les verbes *aller*, *arriver*, *déchoir*, *décéder*, *entrer*, *sortir*, *mourir*, *naître*, *partir*, *rester*, *descendre*, *monter*, *passer*, *venir*, et ses composés, *devenir*, *survenir*, *revenir*, *parvenir*, etc. etc.

Remarque. Quelques verbes *neutres* s'emploient quelquefois *activement*, c'est-à-dire, dans une signification active : ainsi, *parler*, qui est un verbe neutre, s'emploie activement dans cette phrase : *c'est un homme qui parle bien sa langue.*

VERBES RÉFLÉCHIS, RÉCIPROQUES ET PRONOMINAUX.

On appelle verbes *réfléchis* ceux qui expriment soit l'action d'un sujet qui agit sur lui-même, comme, *se conduire*, *se défendre*; soit une action faite par le sujet, et qui aboutit seulement à lui, comme, *je me fais une loi*, c'est-à-dire, *je fais à moi une loi.* Dans le premier cas, les pronoms *me*, *te*, *se*, *nous*, *vous*, sont en régime direct; dans le second cas, ces pronoms sont en régime indirect. Les verbes réfléchis se conjuguent comme le verbe

tomber, c'est-à-dire , qu'ils prennent l'auxiliaire *être* aux temps composés. Nous ne
mettrons ici que les premières personnes.

Conjugaison des Verbes Réfléchis.

INDICATIF.
Présent.
Je me conduis.
Tu te conduis.
Il , *ou* elle se conduit.
Nous nous conduisons.
Vous vous conduisez.
Ils, *ou* elles se conduisent.
Imparfait.
Je me conduisois, etc.
Prétérit défini.
Je me conduisis, etc.
Prétérit indéfini.
Je me suis conduit, *ou*
conduite.
Prétérit antérieur.
Je me fus conduit, *ou*
conduite.
Plusque-parfait.
Je m'étois conduit, *ou*
conduite.
Futur simple.
Je me conduirai.
Futur composé.
Je me serai conduit, *ou*
conduite.
CONDITIONNELS.
Présent.
Je me conduirois.

Passé.
Je me serois conduit, *ou*
conduite.

On dit aussi : *je me fusse
conduit ,* ou *conduite.*
IMPÉRATIF.
Point de première personne.
Conduis-toi.
Qu'il , *ou* qu'elle se con-
duise.
Conduisons-nous.
Conduisez-vous.
Qu'ils, *ou* qu'elles se con-
duisent.
SUBJONCTIF.
Présent ou Futur.
Que je me conduise.
Imparfait.
Que je me conduisisse.
Prétérit.
Que je me sois conduit, *ou*
conduite.
Plusque-parfait.
Que je me fusse conduit,
ou conduite.
INFINITIF.
Présent.
Se conduire.

PRÉTÉRIT.	PASSÉ.
S'être conduit, *ou* conduite.	Conduit, s'étant conduit, *ou* conduite.
PARTICIPES.	FUTUR.
PRÉSENT.	Devant se conduire.
Se conduisant.	

On appelle verbes *réciproques* ceux qui expriment l'action de plusieurs sujets qui agissent respectivement les uns sur les autres de la même manière, comme : *Cés deux hommes se battoient et se disoient des injures. Tous les hommes doivent s'entr'aider.*

On a nommé verbes *pronominaux* ceux qui, se conjuguant avec deux pronoms de la même personne, n'expriment ni l'action qu'un sujet fait sur lui-même, ni une action qui aboutit au sujet, ni même une action faite par le sujet. Si l'on dit : *Cette maison se loue trop cher,* l'action de *louer* ne tombe point sur le sujet *maison*, parce que la maison ne peut se louer elle-même. Cette action n'aboutit pas à *maison*, puisque *se* n'est pas pour *à soi*; elle n'est pas non plus faite par le sujet, puisqu'on ne peut pas dire d'une *maison*, qu'elle *loue*. Le verbe *se louer* a donc une signification passive, et la phrase équivaut à celle-ci : *Cette maison est louée trop cher.*

Les verbes réciproques et les verbes pronominaux se conjuguent comme les verbes réfléchis.

VERBES IMPERSONNELS.

On appelle verbe *impersonnel* celui qui ne s'emploie dans tous les temps qu'à la troisième personne du singulier ; comme *il faut*, *il importe*, *il pleut*, etc. Il se conjugue à cette troisième personne comme les autres verbes.

Conjugaison des verbes impersonnels.

INDICATIF.

PRÉSENT.

Il faut.

IMPARFAIT.

Il falloit.

PRÉTÉRIT DÉFINI.

Il fallut.

PRÉTÉRIT INDÉFINI.

Il a fallu.

PRÉTÉRIT ANTÉRIEUR.

Il eut fallu.

PLUSQUE-PARFAIT.

Il avoit fallu.

FUTUR SIMPLE.

Il faudra.

FUTUR COMPOSÉ.

Il aura fallu.

CONDITIONNELS.

PRÉSENT.

Il faudroit.

PASSÉ.

Il auroit fallu.

SUBJONCTIF.

PRÉSENT OU FUTUR.

Qu'il faille.

IMPARFAIT.

Qu'il fallût.

PRÉTÉRIT.

Qu'il ait fallu.

PLUSQUE-PARFAIT.

Qu'il eût fallu.

INFINITIF.

PRÉSENT.

Falloir.

PARTICIPE.

PASSÉ.

Ayant fallu.

Première Remarque. Plusieurs verbes

D

s'emploient quelquefois *impersonnellement*. Ainsi, le verbe *avoir* est employé impersonnellement dans cette phrase, *il y a bien loin d'ici là*, et le verbe *arriver* dans cette autre, *il arrive souvent que.*

Deuxième Remarque. Le mot *il* ne marque un verbe *impersonnel* que lorsqu'on ne peut pas mettre un nom à sa place ; car lorsqu'en parlant d'un enfant, on dit, *il joue*, ce n'est pas un impersonnel, parce qu'à la place du mot *il*, on peut mettre *l'enfant*, et dire : *l'enfant joue.*

CHAPITRE VI.

SIXIÈME ESPÈCE DE MOTS.

Le Participe.

Le *Participe* est un mot qui tient du verbe et de l'adjectif, comme *aimant, aimé* : il tient du verbe, en ce qu'il en a la signification et le régime ; *aimant Dieu, aimé de Dieu* : il tient aussi de l'adjectif, en ce qu'il qualifie une personne ou une chose ; c'est-à-dire, qu'il en marque la qualité, comme *vieillard honoré, vertu éprouvée.*

Il y a deux sortes de participes, le participe présent et le participe passé.

ACCORD DES PARTICIPES.

Le participe présent est toujours terminé

en *ant*, comme *aimant, finissant, recevant, rendant.*

Règle. Le participe présent ne varie jamais, c'est-à-dire qu'il ne prend ni genre, ni nombre.

E X E M P L E S.

Un homme lisant. *Des hommes* lisant.
Une femme lisant. *Des femmes* lisant.

Si le participe présent est toujours invariable, pourquoi dit-on une femme *charmante*, des femmes *obligeantes*?

Il ne faut pas confondre avec les participes présents, certains adjectifs *verbaux*, c'est-à-dire, qui viennent des verbes, comme *charmant, charmante; obligeant, obligeante; prévenant, prévenante*, etc. Les adjectifs verbaux s'accordent avec les noms auxquels ils se rapportent; mais les participes présents sont invariables.

Pour distinguer les adjectifs verbaux des participes présents, il faut voir si ces mots ont un régime. Lorsqu'ils ont un régime, ce sont des participes. Lorsqu'ils n'ont point de régime, ils sont adjectifs.

E X E M P L E S.

Cette femme est douce, affable, prévenant *tout le monde.*

Cette femme est douce, affable, prévenante.

D 2

Dans la première phrase, le mot *prévenant*, est un participe, parce qu'il est suivi du régime *tout le monde*; dans la seconde, il est adjectif verbal, parce qu'il n'a point de régime.

Les participes passés *aimé*, *fini*, *reçu*, *rendu*, etc. s'accordent avec les noms auxquels ils sont joints, lorsqu'ils ne sont accompagnés d'aucun temps des verbes *avoir* ou *être*, parce qu'alors ils sont employés comme adjectifs. Exemple: un ouvrage *achevé*, une maison *achevée*; des ouvrages *achevés*, des maisons *achevées*.

Le participe passé joint aux verbes auxiliaires *être* ou *avoir*, s'accorde ou avec son nominatif ou avec son régime.

Première règle. Le participe passé, quand il est accompagné du verbe auxiliaire *être*, s'accorde en genre et en nombre avec son nominatif ou sujet, c'est-à-dire, que l'on ajoute *e*, si le sujet est féminin, et *s*, si le sujet est pluriel.

EXEMPLES.

Mon frère a été puni.	Ma sœur a été punie.
Mes frères ont été punis.	Mes sœurs ont été punies*.
Mon frère est tombé.	Ma sœur est tombée.
Mes frères sont tombés.	Mes sœurs sont tombées.

Il n'y a point d'exception.

---

* Le participe *été* n'a ni féminin ni pluriel; on dit : *elle a été*, *ils* et *elles ont été*.

Deuxième règle. Mais quand le participe passé est accompagné du verbe auxiliaire *avoir*, il ne s'accorde jamais avec son nominatif.

EXEMPLES.

Mon père a écrit une lettre. Ma mère a écrit une lettre.

Mes frères ont écrit une lettre. Mes sœurs ont écrit une lettre.

Le participe *écrit* ne change point, quoique le nominatif soit masculin ou féminin, singulier ou pluriel.

Troisième règle. Le participe passé joint au verbe *avoir*, s'accorde toujours avec son régime direct, quand ce régime précède le participe.

EXEMPLES.

La lettre que vous avez écrite, je l'ai lue.

Les livres que j'avois prêtés, on les a rendus.

Les conventions que nous avions faites, vous les avez violées.

Je reconnois l'erreur qui nous avoit séduits.

Quelle affaire avez-vous entreprise !

Combien d'ennemis n'a-t-il pas vaincus !

On voit que le régime placé avant le participe, est ordinairement l'un des pronoms *le*, *la*, *les*, *que*, etc.

On mettoit autrefois deux exceptions à

3

cette règle ; 1°. quand le nominatif est après le participe, comme dans cet exemple : *la leçon que vous ont* donné *vos maîtres;* 2°. quand le participe est suivi d'un adjectif qui fait partie du régime, comme dans cette phrase : *Adam et Ève que Dieu avoit créé innocents.* Quelques grammairiens admettent encore aujourd'hui ces deux exceptions; mais c'est à tort : il faut dans le premier exemple *donnée*, et dans le second, il faut *créés.* (Essais de grammaire par d'Olivet.) Ainsi la règle ne souffre aucune exception. D'ailleurs, les exceptions multipliées sans cause, ne servent qu'à embarrasser l'esprit. Il vaut mieux s'en tenir, autant qu'il est possible, à des règles fixes et générales.

Quatrième règle. Mais quand le régime *direct* n'est placé qu'après le participe, ce participe ne s'accorde pas avec son régime.

E X E M P L E S.

J'ai écrit *une lettre. J'ai* écrit *des lettres.*
J'ai acheté *un livre. Vous avez* acheté *des livres.*

Écrit, acheté, ne changent pas, quoique le régime soit singulier ou pluriel, masculin ou féminin, parce que ce régime est placé après le participe.

La solution de toutes les difficultés des *participes passés*, est fondée sur les quatre règles que nous venons d'établir. Mais comme il n'est pas aisé d'en faire toujours une juste application, et que nos grammairiens sont peu d'accord entr'eux sur cette matière, nous croyons qu'il est indispensable de développer davantage ces règles, et de lever les doutes des élèves dans les cas les plus embarrassants.

Du participe passé joint à un Verbe réfléchi, réciproque ou pronominal.

1°. Lorsque le participe passé est joint à un verbe *réfléchi*, il faut mettre le verbe *avoir* à la place du verbe *être*; et si le pronom réfléchi est régime *direct*, le participe passé devra s'accorder avec ce pronom; mais s'il n'est que régime *indirect*, le participe passé sera invariable, à moins qu'il ne soit précédé d'un autre régime *direct*.

EXEMPLES.

Cette femme s'est proposée *pour modèle à ses enfants.*

Je mets le verbe *avoir* à la place du verbe *être*, et je dis : cette femme a proposé *soi, elle* pour modèle à ses enfants. Je vois que le pronom réfléchi *soi* est ici régime *direct*; et puisqu'il précède le participe, c'est le cas d'appliquer la règle du participe passé joint au verbe *avoir*, et précédé de son régime direct. Donc je dois écrire *proposée*.

Mais dans l'exemple suivant :

Cette femme s'est proposé *d'enseigner la géographie à ses enfants.*

4

En mettant le verbe *avoir* à la place du verbe *être*, je dois dire : cette femme a proposé à *soi*, *à elle* d'enseigner la géographie à ses enfants. Ici le pronom réfléchi *se* n'est que régime *indirect*, et par conséquent, puisque le participe passé n'est point précédé de son régime direct, il ne varie point. J'écrirai donc *proposé*.

Par la même raison, nous écrirons : *Lucrèce s'est* donné *la mort ; cette femme s'est* mis *des chimères dans la tête*. Car en mettant le verbe *avoir* à la place du verbe *être*, nous devons dire : *Lucrèce a donné* à soi, *etc. ; cette femme a mis* à soi, *etc*. Donc, dans ces deux phrases, le pronom *se* est régime indirect ; et comme, d'ailleurs, le régime direct *la mort*, n'est placé qu'après le participe passé *donné* ; et que le régime direct *des chimères* n'est placé qu'après le participe passé *mis*, ces deux participes restent invariables.

Mais dans ces phrases : *La mort que Lucrèce s'est* donnée : *Les chimères que cette femme s'est* mises *dans la tête* ; si nous substituons le verbe *avoir* au lieu du verbe *être*, nous dirons : la mort que Lucrèce a donnée *à soi*. Les chimères que cette femme a *mises* dans la tête *à soi*. *Se* est régime *indirect*, et par conséquent ce n'est point avec ce pronom que s'accordent les participes *donnée, mises*. Mais le régime *direct* représenté par le pronom relatif *que*, les précède, et c'est

avec ce régime que les participes *donnée,
mises*, s'accordent.

D'après ces principes nous écrirons :

Nous nous sommes rendus *maîtres de la
ville.*

Les hommes se sont bâti *des villes.*

Votre sœur s'est donné *de belles robes.*

Les lois que s'étoient prescrites *les Romains.*

Ces femmes se sont louées *avec malignité.*

Des modernes se sont imaginé *qu'ils sur-
passoient les anciens.* (Ont *imaginé* en eux.)

Elle s'est rendue *accusatrice.* (Acad.)

Les académies se sont fait *des objections,
se sont* proposé *des difficultés.*

Question. Faut-il dire : *Il s'est* rassemblé
ou rassemblée *ici une foule de gens armés ?*

R. Il faut dire *rassemblé.* Ce participe est
censé s'accorder avec le pronom *il.* Mais si,
au lieu d'employer l'impersonnel *il est*, on
donnoit au verbe *être* un nom pour sujet,
alors le participe passé rentreroit dans la
règle générale. On diroit : *Une foule de
gens armés se sont* rassemblés *ici.*

2°. Les participes passés des verbes *réciproques* sont soumis à la même règle que
les participes passés des verbes réfléchis. Il
faut chercher de la même manière si le pronom qui les précède, en est le régime direct
ou bien le régime indirect. Dans le premier

5

cas, le participe s'accorde; dans le second cas, il est invariable.

EXEMPLES.

Ces deux hommes se sont battus, *et se sont* dit *des injures.*

Le participe passé *battus* s'accorde avec son régime *se*, parce que ce régime est direct ; le participe passé *dit* ne change point, parce que le pronom *se* qui le précède, n'en est que le régime indirect, et que son régime direct *injures* est placé après.

Nous devons écrire pareillement :

Vos sœurs et les miennes se sont trouvées *ensemble à la campagne, et se sont* plu *dès les premiers instants.*

Ils se sont succédé...... *Elles se sont* parlé, *etc.*

3°. Les verbes pronominaux ayant, comme nous l'avons dit, une signification passive, l'accord de leur participe passé doit suivre la règle du participe passé précédé du verbe *être*, c'est-à-dire, que ce participe doit s'accorder avec le sujet. Ainsi, dans ces phrases : *Ces marchandises se sont bien* vendues, le participe *vendues* s'accorde avec le sujet *marchandises*, parce qu'on peut dire : *Ces marchandises ont été bien vendues.* Il en est de même des phrases suivantes :

Cette affaire s'est traitée... *a été traitée.*

Les cordes de cette guitare se sont lâchées.... ont été lâchées.

Les ennemis se sont emparés d'une position..... ont été rendus maîtres d'une position.

Quand l'ambition, la jalousie, la haine se sont une fois emparées de quelqu'un.... ont été rendues maîtresses de....

Elle s'est aperçue, *ils se sont* aperçus *de.... elle a été frappée, ils ont été frappés de la perception de....*

Elles se sont souvenues, repenties, abstenues..... *elles ont été atteintes du souvenir, touchées du repentir, tenues loin de.....*

Elles se sont plues *en cet endroit..... elles ont été affectées de plaisir en cet endroit.*

La vigne s'est plue *dans cette terre.... a été bien placée dans cette terre.*

La désobéissance s'est trouvée *montée au plus haut point.... a été trouvée montée au plus haut point.*

Du Participe passé suivi d'un Verbe à l'infinitif.

Lorsque le participe passé est suivi d'un

6

verbe à l'infinitif, le régime qui précède les deux verbes, peut être ou le régime du participe, ou le régime du verbe à l'infinitif.

Si le régime qui précède les deux verbes, est le régime du participe passé, le participe doit s'accorder avec ce régime.

Mais si le régime est celui du verbe à l'infinitif, le participe passé demeure invariable.

On reconnoît que le régime qui précède les deux verbes, est le régime du participe passé, lorsqu'on peut mettre ce régime immédiatement après le participe, et changer l'infinitif qui suit en participe présent.

E X E M P L E S.

La femme que j'ai entendue *chanter.*

Pour connoître si le pronom relatif *que*, qui précède les deux verbes, est le régime du participe passé *entendu*, j'essaie de mettre immédiatement après ce patticipe, le nom représenté par *que*, et de changer l'infinitif suivant en participe présent. Je dis donc, j'ai entendu *la femme chantant.*

La phrase est susceptible de ce changement. C'est donc du participe passé *entendu*, que le pronom relatif *que* se trouve le régime direct; et puisque ce régime précède le participe, celui-ci doit s'accorder avec son régime. Donc il faut écrire *entendue.*

Mais dans cet autre exemple : *La chanson que j'ai* entendu *chanter.*

Si j'essaie de mettre le régime immédiatement après le participe, et de réduire l'infinitif qui suit en participe présent, je dois dire : j'ai entendu *la chanson chantant*. Or, je vois que ce changement est impossible, parce que la chanson ne chantoit point, mais qu'elle étoit chantée ; j'en conclus que le pronom relatif *que* est le régime de l'infinitif *chanter*, et non du participe passé *entendu*. Donc ce participe est invariable, puisqu'il n'est pas précédé de son régime direct. Donc il faut écrire *entendu*.

D'après ces principes, comment faut-il écrire le participe *vu* dans cette phrase ?

La femme que j'ai vu *peindre ?*

Cette phrase présente deux sens ; car elle signifie que vous avez vu une femme *qui peignoit* ou *que l'on peignoit*.

Si vous avez vu une femme qui peignoit, qui étoit occupée à peindre, vous pouvez dire : *j'ai vu la femme peignant* ; et alors le *que* est régime du participe passé *vu* ; et puisque le régime précède le participe, ce participe doit s'accorder avec ce régime. Donc il faut écrire :

La femme que j'ai vue *peindre.*

Mais si vous avez vu une femme que l'on peignoit, dont un artiste faisoit le portrait, vous ne pouvez pas dire : j'ai vu la femme *peignant*, puisque ce n'étoit pas elle qui peignoit, mais qu'un autre étoit occupé à la peindre. C'est donc du verbe *peindre*, et non du participe *vu*, que le relatif *que* se trouve le régime. Donc le participe est invariable, puisqu'il n'est point précédé d'un régime direct. Donc ici, on doit écrire :

La femme que j'ai vu *peindre*.

Racine, dans Britannicus, fait dire à Néron, en parlant de *Junie* :

Cette nuit, je l'ai *vue* arriver en ces lieux.

Le poëte, dans une première édition, avoit mis : *je l'ai* vu *cette nuit, etc.* Mais il se corrigea. Pourquoi? parce que le pronom personnel relatif *la* qui précède le participe *vu* est régime direct de ce participe, puisqu'on peut dire : *j'ai* vu *Junie arrivant, etc.* Donc le participe *vu* doit s'accorder avec ce régime, et par conséquent on doit écrire *vue*.

On écrira pareillement, en parlant d'une femme, *je l'ai* vue *entrer, je l'ai* vue *passer;* et en parlant de plusieurs, *je les ai* vues *entrer, je les ai* vues *passer;* et ainsi de tous les participes joints à des infinitifs qui sont verbes neutres : car les verbes neutres n'ayant point de régime direct, c'est une nécessité que le régime se rapporte au participe qui précède ces infinitifs, et que le participe s'accorde avec ce régime.

Le second verbe à l'infinitif est quelquefois sous-entendu, et cependant le participe suit encore la même règle que quand ce verbe à l'infinitif se trouve exprimé.

EXEMPLES.

Je lui ai fait toutes les caresses que j'ai dû.

Nous lui avons accordé toutes les grâces que nous avons pu.

Il a obtenu toutes les faveurs qu'il a voulu.

Dans ces phrases, on sous-entend les verbes *faire*, *accorder*, *obtenir*; et c'est à ces verbes que le régime doit se rapporter. Ainsi, *dues*, *pues*, *voulues* seroient des fautes grossières.

Du Participe passé entre deux que.

Lorsque le participe passé se trouve placé entre deux *que*, ce n'est point de ce participe que le premier *que* se trouve le régime, mais du verbe qui suit, et par conséquent le participe est invariable.

EXEMPLES.

Les raisons que vous avez cru que j'approuvois.

Les mathématiques que vous n'avez pas voulu que j'étudiasse.

Le premier *que*, dans ces deux phrases, est le régime des verbes j'*approuvois*, j'*étudiasse*, et non pas des participes *cru* et *voulu* qui précède. Car si aux mots j'*approuvois*, j'*étudiasse*, on substitue : *je me rendois* et je *m'appliquasse*, on dira les raisons *auxquelles* vous avez cru que je me rendois.....

les mathématiques *auxquelles* vous n'avez pas voulu que je m'appliquasse..... Le premier *que* se trouve donc alors remplacé par *auxquelles*, parce que les verbes *se rendre*, *s'appliquer* régissent la préposition *à*, et demandent un régime indirect, *se rendre à de bonnes raisons*, *s'appliquer à quelque chose*. Donc c'est de ces verbes, et non des participes *cru* et *voulu*, que le premier *que* se trouve le régime.

Nous écrirons donc ainsi les phrases suivantes :

Les peines que j'ai prévu que cette affaire vous donneroit.

Les embarras que j'ai su que vous aviez.

C'est une chose que j'ai cru que vous saviez.

Du Participe passé joint à un infinitif précédé d'une préposition.

Lorsque l'infinitif qui suit le participe passé est précédé d'une préposition, le pronom relatif qui est avant les deux verbes sera le régime du participe passé, si l'on peut placer immédiatement après ce participe le substantif dont le *que* relatif tient la place.

EXEMPLES.

Les soldats qu'on a contraints de marcher.

L'histoire que je vous ai donnée à lire.

La résolution que vous avez prise *d'aller à la campagne.*

Dans ces phrases, le *que* relatif est le régime du participe, parce que les noms dont il tient la place, peuvent être mis immédiatement après le participe. On peut dire : *On a contraint les soldats de marcher ; je vous ai donné l'histoire à lire ; vous avez pris la résolution d'aller à la campagne.*

Mais, si le substantif représenté par le relatif *que*, ne peut pas se placer immédiatement après le participe, et ne peut être mis qu'après l'infinitif, alors c'est de cet infinitif que le pronom se trouve le régime, et par conséquent le participe ne doit point varier.

E X E M P L E S.

Les mesures que vous m'avez conseillé *de prendre, et non pas* conseillées.

Les fortifications que nos généraux ont ordonné *de construire, et non pas* ordonnées.

La règle que j'ai commencé *à expliquer, et non pas* commencée.

Dans ces phrases et dans toutes celles qui leur ressemblent, le pronom relatif *que* se trouve le régime de l'infinitif, et non du participe, parce qu'on dit : *Vous m'avez conseillé de prendre les mesures ; nos généraux ont ordonné de construire les fortifications ; j'ai commencé à expliquer la règle,* etc. On ne pourroit pas placer après le participe le substantif représenté par le pronom, en disant : *Vous m'avez ordonné les mesures de prendre ; nos généraux ont ordonné les fortifications de construire ; j'ai commencé la règle à expliquer.*

Des Participes passés fait *et* laissé.

Lorsque le participe passé et l'infinitif qui le suit, sont deux mots inséparables qui ne présentent qu'une seule idée à l'esprit, alors le pronom est régi par les deux verbes conjointement, et le participe passé ne varie point. Tel est le participe passé du seul verbe *faire.*

E X E M P L E S.

La maison que j'ai fait *bâtir, et non pas* faite.

Les enfants que vous avez fait *tomber, et non pas* faits.

J'avois planté des poiriers, la sécheresse les a fait *mourir, et non pas* faits. (Acad.)

En ces phrases, et dans les autres semblables, le participe *fait* ne peut être séparé de l'infinitif qui suit. On ne peut pas dire : J'ai fait la maison bâtir ; vous avez fait des enfants tomber ; la sécheresse a fait les poiriers mourir ; mais il faut dire : J'ai *fait bâtir* la maison ; vous avez *fait tomber* les enfants, etc.....

Plusieurs grammairiens, tels que *Condillac* et *Wailly,* prétendent que le participe passé *laissé*, et l'infinitif qui le suit, sont pareille-ment deux mots inséparables, et que par conséquent le participe *laissé* devant un infi-nitif, ne doit point varier. Nous avons suivi ce sentiment dans nos premières éditions; mais les raisons les plus fortes et les autorités les plus respectables nous ont déterminés à changer d'avis. Nous pensons donc,

1°. Que le participe passé *laissé*, suivi d'un verbe neutre à l'infinitif, doit s'accorder avec son régime, quand il en est précédé.

EXEMPLES.

Votre sœur que vous avez laissée *tomber.*
Ces femmes qu'on a laissées *mourir.*

On peut dire vous avez laissé votre sœur tomber; on a laissé ces femmes mourir. Donc le participe *laissé* et l'infinitif suivant ne sont pas deux mots inséparables. Si ces deux mots étoient en effet inséparables, on ne pourroit jamais placer le régime entre le par-ticipe et l'infinitif. Cependant on dira très-bien : *Ils* ont laissé *leur mère désolée* suc-comber *à sa douleur. Nous* avons laissé *tous ces jeunes gens* courir *en liberté dans la campagne.* Le participe *laissé* et l'infini-tif peuvent donc être séparés.

2°. Quand le participe *laissé* est suivi d'un verbe actif à l'infinitif, ce participe sera inva-riable, si le régime qui précède les deux ver-bes est celui du verbe à l'infinitif.

EXEMPLES.

Cette maison que j'ai laissé bâtir trop près de la mienne, m'incommode beaucoup.

Ces hommes se sont laissé *battre.*

On ne pourroit pas dire : j'ai laissé la maison bâtir. Ces hommes ont laissé eux battre.

Dans tous ces exemples, le verbe *laisser* signifie *permettre, souffrir, ne pas empêcher.* Mais ce qui démontre complétement les deux règles que nous venons d'établir, c'est l'autorité de l'Académie. Car dans le dictionnaire de 1762, le dernier qu'elle ait avoué, nous lisons cette phrase ainsi écrite :

« On dit qu'une fille s'est *laissée* aller, » pour dire qu'elle s'est *laissé* séduire. »

Voilà bien le participe passé *laissé* variable, lorsqu'il est suivi d'un verbe neutre; et invariable, lorsqu'il est suivi d'un verbe actif.

Remarque. Le participe *laissé*, suivi d'un verbe actif, peut quelquefois être précédé de son régime direct, comme si l'on disoit en parlant d'une femme : *on l'a* laissée *battre son enfant;* c'est-à-dire, on a laissé elle battre son enfant. Alors le participe doit s'accorder avec ce régime.

Du Participe passé joint au Verbe avoir, *précédé du mot* en.

Lorsque le verbe *avoir* qui accompagne le participe passé est précédé du mot *en*, ce participe est invariable, à moins qu'il ne soit lui-même précédé d'un autre régime.

EXEMPLE.

Louis-le-Grand a fait lui seul plus d'exploits que les autres n'en ont lu. (Boileau.)

Le participe *lu* est ici invariable, parce que le mot *en* est un pronom relatif qui équivaut à *de ceci*, *de cela*, et que ce pronom est toujours du singulier et du masculin.

Ainsi, nous écrirons encore :

Vous avez plus de richesses que je ne vous en ai donné, *et non pas* données.

Il m'a promis plus de services qu'il ne m'en a rendu, *et non pas* rendus...

Il y a beaucoup plus de médailles frappées à la gloire des princes qui ont réparé les édifices publics, qu'à l'honneur de ceux qui en ont fondé *de nouveaux*, *et non pas* fondés. (Rollin.)

Rousseau (Jean-Baptiste) a fait plus de cantates qu'on n'en a mis *en musique*, *et non pas* mises.

Mais si le participe est lui-même précédé d'un autre pronom qui en soit le régime direct, alors ce participe devra s'accorder avec le substantif dont le pronom tient la place.

EXEMPLES.

Les grâces que j'en ai obtenues.
La vengeance que vous en avez tirée.
La valeur que nous en avons reçue.

Dans ces exemples, le participe passé est précédé du *que* relatif, qui en représente le régime *direct*, et par conséquent ce participe s'accorde avec son régime.

Du Participe passé, joint au verbe avoir, précédé du mot le.

Lorsque le verbe *avoir* qui accompagne le participe passé est précédé du mot *le*, ce participe ne varie point, si le relatif *le* se rapporte à un adjectif; mais il varie, si *le* se rapporte à un substantif.

EXEMPLE.

La langue angloise n'est pas aussi difficile que je l'avois cru.

Le sens de cette phrase est que j'avois cru la difficulté portée à un plus haut degré dans l'étude de la langue angloise; j'avois cru *cela*, et non pas *elle* (la langue). Car si nous mettions la phrase au pluriel, nous dirions très-certainement : Les langues ne sont pas aussi difficiles que je l'avois *cru*, et non pas que je *les avois crues*, parce que ce ne sont pas les langues qui ont été crues, mais c'est la difficulté dans les langues, qui avoit été crue par moi. Le pronom *le* se rapporte donc ici à un adjectif, et est *invariable*, c'est-à-dire, qu'il n'a ni pluriel ni féminin. Donc le participe *cru* est pareillement *invariable*.

Nous écrirons d'après les mêmes principes :

Cette femme est plus riche que vous ne l'aviez imaginé.

Cette jeune demoiselle n'est pas aussi instruite que nous l'avions pensé.

Mais dans cet exemple :

Ma sœur est toujours la même que je l'ai connue.

Le mot *le* est un pronom relatif variable. Car en mettant la phrase au pluriel, nous dirons : Nos sœurs sont toujours les mêmes que nous *les* avons *connues.* Donc ici le relatif *le,* qui se rapporte au substantif *sœurs,* est un pronom variable ; et par conséquent le participe passé doit également varier.

Du participe passé joint aux Verbes impersonnels il a fait, il y a eu.

Le participe passé dans les impersonnels *il a fait, il y a eu,* etc. demeure invariable. Ainsi, on dit :

Les chaleurs qu'il a fait, *et non pas* faites.

Les grandes pluies qu'il a fait *en automne, et non pas* faites.

La disette qu'il y a eu *pendant l'hiver dernier, et non pas* eue.

Le *que* placé ici avant les verbes *fait* et *eu* ne peut aucunement en représenter le régime direct. Car on ne dit point faire des chaleurs, comme on dit faire des vers, faire des habits, etc. A quoi donc se rapporte ce *que?* Il ne se rapporte à rien. *Faire* et *avoir* sont ici de ces mots que la paresse a souvent employés au lieu des mots propres ; et les auteurs inattentifs ayant introduit dans leurs écrits les négligences de la conversation, on a honoré du nom de *Galli-cismes*, de véritables fautes contre le bon sens.

Du Participe passé des Verbes neutres.

Puisque les verbes neutres n'ont point de régime direct, leur participe passé ne peut point suivre la même règle d'accord que le participe passé des verbes actifs. Ainsi, dans ces phrases :

Les sommes que ce procès m'a coûté.
Les pistoles que ce cheval a valu.
Les jours que j'ai vécu.

Le *que* relatif ne représente point un régime direct : il ne peut tenir lieu que d'un régime indirect, et par conséquent, il faut qu'il y ait une ellipse, ou retranchement d'une préposition. Dans le troisième exemple, la préposition sous-entendue est *pendant. Les jours pendant lesquels j'ai vécu.* Lorsque *valoir* signifie *procurer, faire obtenir, produire,* il est actif ; et alors son participe passé doit s'accorder avec le régime qui le précède. Ex. : *Les honneurs que mon habit m'a valus.*

Le *que* ne représente pas non plus un régime direct dans les phrases suivantes ; *De la* façon que j'ai dit, ou *que j'ai* parlé, *on a dû m'entendre*. En effet, après le participe *dit*, on peut mettre un autre régime et changer ainsi la phrase : *De la façon que j'ai dit* les *choses, on a dû m'entendre*. Donc le *que* n'étoit pas le régime direct du participe *dit*; car il est reconnu qu'un verbe actif ne peut avoir deux régimes *directs*. Le *que* ne peut pas non plus être le régime direct du participe *parlé*; car le verbe *parler* est neutre et n'a point de régime direct. Ainsi, les participes *dit* et *parlé* ne doivent point suivre la règle d'accord des participes précédés de leur régime direct. L'Académie observe que cette locution *de la façon que* est adverbiale, et que c'est la même chose que si l'on disoit *comme*.

Remarquons que si le verbe *dire* signifioit *indiquer, désigner, prescrire*, alors le *que* deviendroit régime direct, et rendroit variable le participe passé suivant.

E X E M P L E.

Pour réussir, il faut s'y prendre de la manière que j'ai dite, *que j'ai* indiquée, *que j'ai* prescrite.

Dans ces sortes de cas, il faut employer les verbes *indiquer, désigner, prescrire*, plutôt que le verbe *dire*.

E

CHAPITRE VII.

SEPTIÈME ESPÈCE DE MOTS.

La Préposition.

LA *préposition* est un mot invariable qui sert à marquer les rapports que les choses ont entr'elles : par exemple ; quand je dis : *le fruit de l'arbre* ; *de* marque le rapport qu'il y a entre *fruit* et *arbre* ; quand je dis : *utile à l'homme* ; *à* fait rapporter le nom *homme* à l'adjectif *utile* ; quand je dis : *j'ai reçu de mon père* ; *de* sert à lier le nom *père* au verbe *reçu*, etc. *de*, *à*, sont des prépositions.

Le mot qui suit la préposition en est le régime.

La préposition a toujours un régime.

Cette espèce de mots s'appelle *préposition*, parce qu'elle se met immédiatement avant son régime.

La même préposition s'emploie pour marquer plusieurs rapports différents. Ainsi, il n'est pas possible de les distribuer en classes ou en espèces. Nous allons donner un tableau des prépositions. Nous ferons ensuite passer chacune d'elles par les circonstances qui en fixent les valeurs et acceptions principales.

<table>
<tr><td colspan="3">TABLEAU DES PRÉPOSITIONS.</td></tr>
<tr><td>A.</td><td>En.</td><td>Pendant.</td></tr>
<tr><td>A cause.</td><td>En deçà de.</td><td>Pour.</td></tr>
<tr><td>Après.</td><td>Entre.</td><td>Près de.</td></tr>
<tr><td>Attendu ou vu.</td><td>Envers ou à l'égard</td><td>Proche.</td></tr>
<tr><td>Auprès.</td><td>Environ.</td><td>Quant à.</td></tr>
<tr><td>Autour.</td><td>Excepté.</td><td>Sans.</td></tr>
<tr><td>Avant.</td><td>Hormis.</td><td>Sauf.</td></tr>
<tr><td>Avec.</td><td>Hors.</td><td>Selon.</td></tr>
<tr><td>Chez.</td><td>Jusque.</td><td>Sous.</td></tr>
<tr><td>Contre.</td><td>Loin de.</td><td>Suivant.</td></tr>
<tr><td>Dans.</td><td>Le long de.</td><td>Sur.</td></tr>
<tr><td>De.</td><td>Malgré.</td><td>Touchant ou con-</td></tr>
<tr><td>Delà.</td><td>Moyennant.</td><td>cernant.</td></tr>
<tr><td>Depuis.</td><td>Nonobstant.</td><td>. . . . .</td></tr>
<tr><td>Derrière.</td><td>Outre.</td><td>Vers.</td></tr>
<tr><td>Dès.</td><td>Par.</td><td>Vis-à-vis</td></tr>
<tr><td>Devant.</td><td>Par-devers.</td><td>Voici.</td></tr>
<tr><td>Durant.</td><td>Parmi.</td><td>Voilà.</td></tr>
</table>

A.

Les principaux usages de cette préposition sont de marquer :

1°. La *place* ou *le lieu*. Attacher *à la* muraille : vivre *à* Paris : aller *à* Rome.

2°. Le *temps*. Se lever *à* six heures : revenir *à* heure indue : on l'attend *à* tout moment.

3°. La *matière*. Bâtir *à* chaux et *à* ciment : faire brûler *à* petit feu.

4°. La *manière*. Arracher brin *à* brin : manger morceau *à* morceau : avoir un habit à la mode : vendre du drap *à* l'aune : prier à mains jointes.

5°. La *cause*, le *motif*. Moulin *à* vent :

arme à feu : dire quelque chose à bonne intention.

6°. Le *but*, l'*usage*, la *destination*. Inviter à dîner : tenir à honneur : prendre à témoin : terre à froment : moulin à papier : mouchoir à moucher : un sac à ouvrage : la bouteille à l'encre : un pot à l'eau.

7°. L'*instrument*. Travailler à l'aiguille : se battre à l'épée et *au* pistolet.

8°. La *distance*. Il y a soixante lieues de Paris à Angers.

9°. La *propriété*, l'*attribution*. Ce livre est à Sophie ; je donnerai un prix à Elisa.

A cause.

Cette préposition sert à marquer le *motif.* *A cause* de lui : *à cause* de cela.

Après.

La préposition *après* indique :

1°. Le *lieu*. *Après* ce vestibule est un magnifique salon : *après* le parterre est un boulingrin, et *après* le boulingrin, une grande pièce d'eau.

2°. Le *temps*. *Après* la vocation d'Abraham : une heure *après* minuit : il est arrivé à trois heures *après* midi.

3°. L'*ordre*. *Après* l'or, l'argent est le plus précieux des métaux : les richesses ne sont désirables qu'*après* l'honneur et la santé, c.

4°. Le *but*. Les gendarmes courent *après* les voleurs : on soupire *après* sa liberté.

5°. L'*imitation*. Un portrait fait d'*après* nature : un tableau d'*après* Raphael, d'*après* Le Poussin, d'*après* David, *etc*.

Attendu, vu.

Ces prépositions expriment la *cause*. Il fut exempté des charges publiques, *attendu* son âge, *attendu* son infirmité : la récompense est petite *vu* ses grands services, *vu* son mérite.

Auprès.

Cette préposition marque :
D'abord le *lieu*. Sa maison est *auprès* de la mienne : la rivière passe *auprès* de cette ville.
2°. La *comparaison*. Votre mal n'est rien *auprès* du sien : la terre n'est qu'un point *auprès* du reste de l'univers.

Autour.

Autour marque la *situation* de ce qui environne : *autour* de la tête : *autour* du bras : rôder *autour* d'une maison.

Avant.

On s'en sert pour marquer :
1°. Le *temps*. Ceux qui ont été *avant* nous : *avant* la fin de l'année.

3

2°. L'*ordre*. Il faut mettre ce chapitre *avant* l'autre : il faudroit mettre les histoires générales *avant* les particulières.

Avec.

Cette préposition exprime :

1°. L'*union*. Il faut essayer de bien vivre *avec* tout le monde : il a une grosse fièvre *avec* des redoublements.

2°. La *matière*. Carreler *avec* de la brique : le rossolis est fait *avec* de l'esprit de vin.

3°. L'*instrument*. Ecrire *avec* une plume : se purger *avec* du séné.

4°. La *manière*. Parler *avec* justesse : écrire *avec* facilité : se conduire *avec* prudence : se défendre *avec* courage.

5°. L'*opposition*. La France est en guerre *avec* l'Angleterre ; il s'est battu *avec* son rival.

6°. La *différence*. Distinguer l'ami d'*avec* le flatteur : distinguer la fausse monnoie d'*avec* la bonne : séparer l'or d'*avec* l'argent.

Chez.

Chez indique le *lieu*. Être *chez* un ami : ce livre se vend *chez* M. Le Prieur.

Contre.

Contre sert à marquer *opposition*. Lutter *contre* la mauvaise fortune : plaider *contre* quelqu'un.

Dans.

C'est 1°. une préposition de lieu. Être *dans* la chambre ; serrer quelque chose *dans* une cassette.

2°. De *temps*. *Dans* la même année : *dans* huit jours d'ici : il arrivera *dans* trois jours.

3°. Elle marque l'*état*, la *situation*. Il est *dans* un grand embarras : il est *dans* l'attente : *dans* l'espérance, *dans* la disgrace, *dans* les larmes, *dans* la joie, etc.

4°. Le *but*. Il a fait cela *dans* la pensée d'en tirer de l'utilité.

5°. La *conformité*. Cela est vrai *dans* les principes d'Aristote.

De.

Les rapports que *de* sert à marquer, sont ceux-ci :

1°. De *lieu*. Sortir *de* la ville : venir *de* Lyon.

2°. De *temps*. Il est parti *de* jour : il est arrivé *de* nuit.

3°. De *matière*. Une table *de* marbre : une tabatière *d'*or : un trait *de* courage : un acte *de* vertu.

4°. De *propriété* ou de *relation*. Le livre de Charles : le fils *de* mon oncle.

5°. De *sujet*. Parlons *de* cette affaire.

6°. De *cause*, de *motif*. Je suis charmé de sa fortune.

4

Delà.

Delà, *au-delà*, *de-delà*, *par-delà*, sont des prépositions *de lieu*. *Delà* les monts : *delà* la mer : *au-delà* du Rhône : il est *de-delà* les monts : c'est dix lieues *par-delà* Rome..... On dit au figuré, *au-delà* de mes espérances, *au-delà* de l'imagination, *au-delà* de ce que je croyois, pour dire beaucoup plus que je n'espérois, beaucoup plus qu'on ne se peut imaginer, beaucoup plus que je ne croyois.

Depuis.

Cette préposition marque le *temps*, le *lieu* et l'*ordre*.

1°. Le *temps*. Je vous attendrai *depuis* cinq heures jusqu'à six : on compte 1656 ans *depuis* la création jusqu'au déluge.

2°. Le *lieu*. *Depuis* Paris jusqu'à Orléans: la France s'étend *depuis* le Rhin jusqu'à l'Océan.

3°. L'*ordre*. Je ne l'ai point vu *depuis* son retour : tous les auteurs qui ont écrit *depuis* lui.

Derrière.

Derrière est une préposition de *lieu*, opposée à la préposition *devant*. Se cacher *derrière* une tapisserie; il étoit assis *derrière* vous.

Dès.

Cette préposition indique :

1º. Le *lieu*. Rivière navigable *dès* sa source : *dès* Orléans.

2º. Le *temps*. Dès l'enfance : *dès* le mois dernier : j'y travaillerai *dès* la semaine prochaine, *dès* demain.

Devant.

Devant sert à marquer :

1º. Le *lieu*. Regarder *devant* soi : mettez cela *devant* le feu.

2º. L'*ordre*. C'est mon ancien, il marche *devant* moi : il a le pas *devant* moi.

3º. La *présence*. Ne dites rien *devant* lui, c'est un homme qui redit tout : quand il fut *devant* ses juges.

Durant.

C'est une préposition de *temps*. Durant toute sa vie : *durant* l'hiver.

Elle se met quelquefois après le nom qu'elle régit. Sa vie *durant* : six ans *durant*.

En.

En sert à désigner :

1º. Le *lieu*. Etre *en* Italie : voyager *en* Allemagne.

2º. Le *temps*. En temps de paix : *en* temps de guerre : *en* hiver, *en* été : il arrivera *en* huit jours. Il y a cette différence entre, *il arrivera* en *huit jours*, et *il arrivera* dans *huit jours*, que la première phrase signifie qu'il sera huit jours en chemin ; au lieu que la seconde veut dire qu'il sera arrivé au bout de huit jours, quel que soit d'ailleurs le nombre de jours qu'il mettra ou aura mis à faire la route.

3°. L'*état*, la *manière d'être*. Etre en bonne santé, *en* bonne humeur : une vigne *en* fleur : une armée *en* bataille : une femme *en* deuil : un livre relié *en* veau : agir *en* maître : des perles *en* poire : un espion déguisé *en* hermite.

4°. Le *but*, le *motif*. Donner une pension à quelqu'un *en* considération de ses services : mettre *en* dépôt, *en* séquestre.

5°. La *conformité*. *En* bonne philosophie : *en* bonne politique : *en* bonne justice.

Cette préposition a encore plusieurs autres usages, qu'il seroit trop long d'expliquer ici.

En-deçà de.

En-deçà de, *de deçà*, *par-deçà*, sont trois prépositions de *lieu*. *En-deçà de* la rivière : *de deçà* la rivière : *par-deçà* la rivière.

Entre.

Entre s'emploie pour indiquer :

1°. Le *lieu*. Il étoit assis *entre* nous deux : Etampes est *entre* Paris et Orléans : ce bataillon se trouvoit *entre* deux feux.

2°. Le *temps*. *Entre* onze heures et midi : *entre* le printemps et l'automne.

3°. Un *nombre*, un *assemblage* de plusieurs personnes ou de plusieurs choses. Il a été trouvé *entre* les morts : *entre* toutes les merveilles de la nature, etc.

4°. L'*opposition*. Il y a querelle *entre* ces deux hommes : il y a *entre* ces deux choses la même différence qu'*entre* le jour et la nuit.

5°. L'*union*. Il n'y a de véritable amitié qu'*entre* égaux : il n'y a point de liaison *entre* ces deux idées.

Envers.

Envers, *à l'égard de*, indiquent le *but*, l'*objet*. Charitable *envers* les pauvres : traître *envers* sa patrie : *à l'égard de* ce que vous disiez : *à l'égard des* propositions que vous faites.

Envers marque aussi *opposition*, comme dans cette phrase : Je vous servirai, je vous défendrai *envers* et contre tous. Mais alors on ne se sert de la préposition *envers*, qu'en la joignant avec *contre*.

Environ.

Environ sert à exprimer :

1°. Le *temps*. Il y a *environ* deux heures, *environ* dix ans.

2°. La *distance*, l'étendue. Il avoit fait *environ* deux lieues : il y a *environ* soixante lieues de Paris à Bruxelles.

3°. Le *nombre* ou la *somme*. Il y a *environ* trois cents francs dans ce sac : son armée étoit d'*environ* vingt mille hommes.

Excepté, hormis, hors.

L'usage de ces prépositions est d'indiquer la *séparation*, l'*exclusion*.

Excepté. Il travaille toute la semaine, *excepté* le dimanche : tout est perdu *excepté* l'honneur.

Hormis. Hormis deux ou trois ; tout y est entré, *hormis* vous et moi : le mahométisme permet tout, *hormis* le vin.

Hors. Il est *hors* de fièvre, *hors* de danger : nul n'aura d'esprit *hors* nous et nos amis.

Jusque.

Cette préposition est destinée à marquer :

1°. Le *lieu.* Depuis la rivière de Loire *jusqu'à* la rivière de Seine : depuis Paris *jusqu'à* Rome.

2°. Le *temps.* Depuis le commencement *jusqu'à* la fin de l'année : depuis Pâques *jusqu'à* la Pentecôte.

3°. L'*excès*, ou quelque chose qui va au-delà de l'ordinaire, tant en bien qu'en mal. Il aime *jusqu'à* ses ennemis : ils ont tué *jusqu'aux* enfants.

On dit quelquefois *jusques* avec une *s* à la fin, quand une voyelle suit. *Jusques* au ciel : cette nouvelle n'étoit pas encore venue *jusques* à nous.

Loin de.

Loin de est une préposition :

1°. De *lieu*. *Loin* de la ville : qui est *loin* des yeux, est *loin du* cœur.

2°. De *temps*. Nous sommes encore *loin de* Noël.

Le long de.

Cette préposition marque :

1°. Le *lieu*. *Le long de* la rivière : tout *le long de* la prairie.

2°. Le *temps*. Tout *le long de* l'année : il a prié Dieu *tout le long de* la messe.

Malgré.

Malgré est une préposition qui marque opposition, *obstacle*.

Il a fait cela *malgré* moi : j'entrerai *malgré* vous : il est parti *malgré* la rigueur du temps : je l'ai reconnu *malgré* l'obscurité.

Moyennant.

Moyennant, au moyen de, sont des prépositions qui marquent la *cause*, le *moyen*. J'en viendrai à bout *moyennant* la grâce de Dieu : *au moyen de* la lettre que vous écrirez, nous réussirons.

Nonobstant.

Nonobstant exprime *l'opposition*. Il a été obligé de payer *nonobstant* l'appel : il s'est opiniâtré *nonobstant* toutes les remontrances de ses amis.

Outre.

Cette préposition marque :

1°. Le *lieu*. Les pays d'*outre*-Meuse : les voyages d'*outre*-mer.

2°. L'*union*. *Outre* la somme de mille francs, il a reçu encore une bague : *outre* ce que je viens de dire, il faut encore remarquer, etc.

Par.

Par sert à marquer :

1°. Le *lieu*. Cela se fait *par* toute la terre: *par* toute la France.

2°. Le *temps*. Il faut labourer la vigne *par* le beau temps : où allez-vous *par* cette pluie-là ?

3°. La *cause*. Ce tableau est peint *par* Greuze : la maison de Beaumarchais a été construite *par* M. Le Moyne : cette chanson a été chantée *par* mademoiselle Eulalie.

4°. Le *motif*. Donner quelque chose *par* charité, *par* crainte.

5°. Le *moyen*. Il a obtenu cela *par* ses prières : ce paquet est venu *par* la poste.

6°. La *manière*. Faire quelque chose *par* mégarde, *par* inadvertance.

7°. L'*ordre*. Commencer *par* un bout, finir *par* l'autre.

8°. La *division*. Couper *par* morceaux : distribution *par* cantons : ranger *par* tas : recevoir une rente *par* quartiers.

9°. L'*endroit* des choses dont on parle. Il l'a mené *par* la main : prenez le couteau *par* le manche.

10°. Le *mouvement*, le *passage*. On passe *par* Orléans pour venir de Bordeaux à Paris : se promener *par* la ville, *par* les champs : il est toujours *par* voies et *par* chemins.

Par, en termes de marine, signifie *à*. Nous étions *par* 30 degrés de latitude, pour dire nous étions *à* 30 degrés de latitude.

Par-devers.

Par-devers sert à marquer :

1°. La *possession*. Retenir des papiers *par-devers* soi : tenir le bon bout *par-devers* soi.

2°. *Citation* ou *comparution* devant un juge ou un tribunal. *Par-devers* moi, *par-devers* nous : se pourvoir *par-devers* le juge.

Parmi.

Parmi s'emploie pour indiquer un *nombre*, un *assemblage* de plusieurs personnes ou de plusieurs choses. Il se mêla *parmi* eux : *parmi* de grandes vertus, il y a souvent quelques défauts.

La préposition *parmi* ne se met qu'avec un pluriel indéfini, qui signifie plus de deux, ou avec un singulier collectif. *Parmi* les hommes, *parmi* le peuple. On ne diroit pas, *parmi* les deux frères, ni peut-être *parmi* les trois.

Pendant.

C'est une préposition qui marque le *temps*. *Pendant* l'hiver : *pendant* la guerre.

Pour.

Pour signifie :

1°. Le *motif*, la *fin*, la *destination*. Dieu a créé toutes choses *pour* sa gloire : les animaux sont faits *pour* l'usage de l'homme : il est arrivé du vin *pour* votre provision : il est estimé *pour* ses bonnes qualités : il a été condamné *pour* une légère faute : étudier *pour* son instruction.

2°. L'*échange*. Il a donné son cheval *pour* mille francs : j'ai donné ma tapisserie *pour* un diamant.

3°. La *substitution* d'une chose ou d'une personne à la place d'une autre. Il a *pour* lit des planches, *pour* oreiller une pierre : jouez *pour* moi.

4°. L'*état*, la *qualité*. Ils l'ont laissé *pour* mort sur la place : tenez-moi *pour* un méchant homme, si, etc.

5°. L'*opposition*. La haine qu'il a *pour* lui : ce remède est bon *pour* la fièvre.

6°. Le *parti*, l'*engagement*, l'*intérêt*. Ce prince s'est déclaré *pour* l'empereur : je tiens *pour* vous contre lui : tous les honnêtes gens sont *pour* vous : plaider *pour* quelqu'un.

Cette préposition a encore beaucoup d'autres significations.

Près de, proche de.

Ces deux prépositions indiquent le *lieu*. S'asseoir *près de* quelqu'un : être logé *près de* l'église, *proche de* la ville : les maisons qui sont situées *proche de* la rivière.

Près de indique aussi le *temps* et le *nombre*. Il y a *près de* deux heures, *près de* vingt ans : il a reçu *près de* trois cents francs : son armée étoit de *près de* cent mille hommes.

Quant à.

Quant à, pour ce qui est de, sont des prépositions qui marquent *séparation* ou *distinction* particulière de choses et de personnes. Je suis prêt *quant à* ce point-là : *pour ce qui est de* cette affaire, je ne veux point m'en mêler : *quant à lui*, il en usera comme il lui plaira.

Sans.

Sans désigne la *séparation*, l'*exclusion*.
C'est un homme *sans* honneur, *sans* jugement : voilà une affaire qu'il faut terminer *sans* délai : les soldats *sans* leurs officiers.

Sauf.

Sauf s'emploie pour marquer *restriction, exception. Sauf* votre honneur : *sauf* votre meilleur avis : *sauf* erreur de calcul : il lui a cédé tous ses biens *sauf* une terre.

Selon, suivant.

Ces deux prépositions marquent la *conformité*. *Selon* vos ordres, *suivant* vos ordres : *selon* la loi de la nature : *suivant* le cours ordinaire de la nature.

Selon indique encore *proportion*. Dépenser *selon* sa bourse : il sera payé *selon* qu'il travaillera.

Sous.

Sous est une préposition :

1°. De *lieu*. Mettre un tapis *sous* les pieds : tout ce qui est *sous* le ciel : la Ferté-*sous*-Jouarre.

2°. De *temps. Sous* quinze jours, *sous* quinzaine : *sous* l'empire de Constantin.

3°. De *subordination* ou *dépendance*. Un mineur qui est *sous* la tutelle de son oncle : les peuples qui sont *sous* la domination de ce prince, etc.

Sur.

Cette préposition marque :

1°. Le *lieu*. Avoir son chapeau *sur* la tête : mettre un flambeau *sur* la table : les villes qui sont *sur* la Seine, *sur* le Rhin, etc.

2°. Le *temps*. Il vint *sur* le tard, *sur* la fin de l'hiver.

3°. L'*instrument*. S'appuyer *sur* un bâton.

4°. L'*objet*, la *matière*. Mettre des impo-

sur les marchandises étrangères : il travaille *sur* l'or.

5°. Le *motif*. J'ai fait cela *sur* votre parole : je suis fondé *sur* une loi.

Touchant, concernant.

Ces deux prépositions indiquent le *sujet*. Il m'a entretenu *touchant* vos affaires : j'ai à vous dire plusieurs choses *concernant* nos intérêts.

Vers.

La préposition *vers* indique :

1°. Le *lieu*. Lever les yeux *vers* le ciel : l'aiguille de la boussole se tourne toujours *vers* le Nord.

2°. Le *temps*. *Vers* les quatre heures : *vers* le printemps : *vers* le milieu du quinzième siècle.

Vis-à-vis.

Vis-à-vis marque un rapport de *situation*. Il est logé *vis-à-vis* de moi, *vis-à-vis* de mes fenêtres. On supprime quelquefois le *de* dans le style familier. *Vis-à-vis* l'église... *vis-à-vis* l'hôtel de..... etc.

Voici, voilà.

Ces deux prépositions servent à *montrer* les objets. *Voici* désigne une chose qui est proche de celui qui parle. *Voilà* désigne une chose un peu éloignée. *Voici* le livre dont on a parlé ; *voilà* l'homme que vous demandez.... *Voici*, *voilà* indiquent aussi des choses qui ne s'aperçoivent point par les sens. *Voilà* les services que je lui ai rendus, et *voici* ma récompense.

CHAPITRE VIII.

HUITIÈME ESPÈCE DE MOTS.

L'Adverbe.

L'*Adverbe* est un mot *invariable*, qui se joint avec les verbes et avec les adjectifs, pour en exprimer les manières ou les circonstances. Ainsi, quand on dit : *cet enfant parle distinctement*, par ce mot, *distinctement*, l'on fait entendre qu'il parle d'une manière plutôt que d'une autre. Quand on dit : *cet homme est médiocrement riche*, ce mot, *médiocrement*, modifie l'adjectif *riche*, exprime de quelle manière l'homme dont on parle, est riche.

Ce mot porte le nom d'*adverbe*, parce que, dans la phrase, il se trouve ordinairement placé auprès du verbe.

Il y a plusieurs sortes d'adverbes.

1°. Les adverbes de *manière*, c'est-à-dire, qui expriment la manière dont les choses se font; comme *sagement*, *poliment*, *modestement*, *inconsidérément*, etc.

2°. Les adverbes d'*ordre*; *premièrement*

secondement, d'abord, ensuite, auparavant. Exemple : *d'abord* il faut éviter le mal, *ensuite* il faut faire le bien.

3°. Les adverbes de *lieu*, comme *où, ici, là, deçà, au-delà, dessus, par-tout, auprès, loin, dedans, dehors, ailleurs,* etc. Exemples : *où* êtes - vous ? je suis *ici*, je vais *là*.

4°. Les adverbes de *temps. Hier, avant-hier, aujourd'hui, demain, après-demain, autrefois, bientôt, tantôt, souvent, toujours, alors, jamais,* etc. Exemple : *cet enfant joue* toujours, *et ne s'applique jamais.*

5°. Les adverbes de *quantité ; beaucoup, peu, guère, assez, trop, tant, combien,* etc. Exemple : *Il parle* beaucoup, *et réfléchit* peu.

6°. Les adverbes de *comparaison,* comme *plus, moins, aussi, autant, très,* etc. Exemple : *plus* sage, *aussi* sage, *moins* sage que vous.

Remarques.

1°. Certains adjectifs sont quelquefois employés comme adverbes. On dit : *chanter* juste, *parler* bas, *voir* clair, *frapper* fort, *parler* court, *sentir* bon, *coûter* cher, etc.

2°. On appelle *adverbe composé* ou *phrase adverbiale,* l'assemblage de plusieurs mots qui, étant joints ensemble, ont force et signification d'*adverbes*. Exemples : *à contre-sens*, *à contre-temps*, *mal à propos*, *tout-à-coup*, *tout d'un coup*, *coup sur coup*, *tout-à-fait*, *tour à tour*, *peu à peu*, *à peu près*, *de temps en temps*, *tout à l'heure*, *sens dessus dessous*, *pêle-mêle*, *à l'amiable*, etc.

La plupart des adjectifs ont chacun leur adverbe, qui se forme, 1°. du masculin, lorsqu'ils se terminent par une voyelle, en y ajoutant *ment* : *utile*, *utilement*; *vrai*, *vraiment*; *ingénu*, *ingénument*; *aisé*, *aisément*; *poli*, *poliment*; mais *impuni* fait *impunément*.

2°. Du féminin, quand l'adjectif se termine au masculin par une consonne : *doux*, *douce*, *doucement*; *bon*, *bonne*, *bonnement*; *franc*, *franche*, *franchement*; *civil*, *civile*, *civilement*; mais *gentil* fait *gentiment*.

3°. Les adjectifs *lent*, *lente*; *présent*, *présente*, suivent aussi cette règle, et font *lentement*, *présentement*. Mais les autres adjectifs terminés en *ent* et *ant*, changent les deux dernières lettres *nt* en *mment* : *prudent*, *prudemment*; *élégant*, *élégamment*.

Comment distingue-t-on l'*adverbe* de la *préposition*?

L'adverbe et la préposition diffèrent l'un de l'autre, en ce que la préposition a toujours un régime exprimé ou sous-entendu, et que l'adverbe n'en est pas susceptible. Exemple : *il est arrivé* avant *moi*.... *Vous creusez trop* avant. Dans la première phrase, *avant* est une préposition suivie de son régime *moi ;* dans la seconde, c'est un adverbe de lieu.

CHAPITRE IX.

NEUVIÈME ESPÈCE DE MOTS.

La Conjonction.

On a vû jusqu'à présent comment les mots se joignent ensemble pour former un sens : les mots ainsi réunis font une *proposition.* Plusieurs propositions liées ensemble forment une *phrase.* La plus petite proposition doit avoir au moins deux mots, le *nominatif* ou *sujet,* et le *verbe ;* comme *je chante, vous lisez, l'oiseau vole.* Souvent le verbe a un *régime,* comme *je chante un air, vous lisez une lettre,* etc.

La *Conjonction* est un mot *invariable* qui sert à lier une proposition à une autre proposition. Par exemple, quand on dit : *il pleure* et *il rit en même temps,* ce mot *et* unit la première proposition *il pleure,* avec la seconde *il rit.*

On appelle encore *conjonction* ou *phrase conjonctive,* l'assemblage de plusieurs mots qui servent à joindre des propositions. Par exemple, quand on dit : *il n'en fera rien, à moins que vous ne lui parliez ; à moins que* est une *conjonction* ou *phrase conjonctive*, qui lie la première proposition *il n'en fera rien*, avec la seconde, il faut *que vous lui parliez.*

Les conjonctions forment neuf classes : les *copulatives*, les *adversatives*, les *disjonctives*, les *explicatives*, les *circonstancielles*, les *conditionnelles*, les *causatives*, les *transitives* et les *déterminatives.*

Les conjonctions *copulatives* sont celles qui ont pour objet l'union des propositions, ou pour affirmer cette union, ou pour la nier, ou pour l'écarter. On comprend dans cette classe : *et, que, ni, aussi, etc.*

Les conjonctions *adversatives* sont celles qui marquent une opposition entre une proposition qui précède et celle qui la suit. Telles sont les conjonctions *mais, quoique, encore que, bien que, néanmoins, toutefois, cependant, pourtant, etc.*

Les conjonctions *disjonctives*, sont celles qui servent à *disjoindre*, séparer, désunir des propositions incompatibles, entre lesquelles on propose un choix, comme *ou, soit.*

Les conjonctions *explicatives* s'emploient pour donner une *explication* claire et détaillée de l'objet. Les conjonctions suivantes sont de cette espèce : *savoir, c'est-à-dire, comme*, etc.

Les conjonctions *circonstancielles* servent de lien à deux propositions dont l'une dépend de l'autre par quelque circonstance de temps ou d'ordre. Telles sont : *lorsque, quand, tandis que, durant que, pendant que, tant que, comme, dès que, avant que, après que, depuis que, jusqu'à ce que*, etc.

Les conjonctions *conditionnelles* expriment la *condition* moyennant laquelle une *proposition* peut se joindre à une autre, comme : *si, sinon, à moins que, en cas que, pourvu que, à condition que, supposé que, si ce n'est que, sans quoi*, etc.

Les conjonctions *causatives* servent à expliquer la *cause*, le motif de quelque chose.

Nous en avons un bon nombre : *car, puisque, vu que, attendu que, parce que, à cause que, d'autant que, dès que, pourquoi, c'est pourquoi, afin de, afin que, de peur que, de crainte que*, etc.

Les conjonctions *transitives* sont celles au moyen desquelles on passe d'une proposition à une autre qui en dépend. Telles sont : *or, que, par conséquent, en effet, au reste, ainsi, à propos, ainsi, de sorte que, d'ailleurs, outre que, encore*, etc.

Les conjonctions *déterminatives* sont celles qui lient ensemble deux propositions dont la

F

seconde sert à *déterminer* le sens de la première, comme dans cette phrase : *Je crois que vous êtes juste.* Nous avons ici deux propositions dont la première est indéterminée, je *crois;* qu'est-ce que je *crois?* La seconde proposition répond à cette question, et *détermine* le sens de la précédente; ainsi, *je crois* que *vous êtes juste.* La conjonction *que* sert à joindre la proposition *déterminative* à la première, et c'est pour cela qu'elle prend le nom de conjonction *déterminative.*

La conjonction déterminative *que* est la plus usitée de toutes les conjonctions. On la distingue du *que* relatif, en ce qu'elle ne peut pas se tourner par *lequel, laquelle;* et on la distingue du *que* interrogatif, en ce qu'elle ne peut pas se tourner par *quelle chose.*

Régime des Conjonctions.

Parmi les conjonctions, les unes veulent le verbe suivant au subjonctif, les autres à l'indicatif.

Voici celles qui régissent le subjonctif, *soit que, sans que, si ce n'est que, quoique, jusqu'à ce que, encore que, à moins que, pourvu que, supposé que, au cas que, avant que, non pas que, afin que, de peur que, de crainte que,* et en général quand on marque quelque doute, ou quelque souhait, comme, *je souhaite* que cet enfant devienne *savant ; je doute* que *cet enfant soit jamais savant.*

CHAPITRE X.

DIXIÈME ESPÈCE DE MOTS.

L'Interjection.

L'Interjection est un mot dont on se sert pour exprimer un sentiment de l'ame, comme *la joie*, *la douleur*, etc.

La joie : *Ah ! Bon !*

La douleur : *Aye ! Ah ! Hélas ! Ouf !*

La crainte : *Ha ! Hé !*

L'aversion : *Fi. Fi donc.*

L'admiration : *Oh !*

Pour encourager : *Çà. Allons. Courage.*

Pour appeler : *Holà ! Hé !*

Pour faire taire : *Chut. Paix.*

Remarque. On appelle *particules* quelques conjonctions et quelques interjections d'une seule syllabe, dont la fonction est d'énoncer tantôt un jugement de l'esprit, tantôt un sentiment de l'ame. *Oui*, suivant le Dictionnaire de l'Académie, est une particule affirmative ; *ne*, *non*, *pas*, sont des particules négatives. (*Point* est un adverbe de négation) ; *ô* est une particule qui sert à l'apostrophe ; *ô* mon Dieu ! *ô* temps ! *ô* mœurs !

REMARQUES PARTICULIÈRES

SUR CHAQUE ESPÈCE DE MOTS.

Des Lettres.

C devant *a*, *o*, *u*, se prononce comme le *k* : *cabaret*, *colonne*, *cuve*; mais devant *e* et *i*, il se prononce comme l'*s* : *ciment*, *céder*; et on le prononce de la même manière devant *a*, *o* et *u*, quand on met une cédille dessous, comme en ces mots : *çà*, *façon*, *reçu*.

La lettre *c* ne se fait point sentir dans les mots suivants : *almanach*, *cotignac*, *estomac*, *tabac*, *lacs* (de soie) *broc* (de vin), *marc* (d'or); mais elle se fait sentir dans *Marc* (nom propre).

Vermicelle et *violoncelle* se prononcent *vermichelle* et *violonchelle*.

Ch se prononce comme *k* dans les mots suivants : *Catéchumène*, *Chersonèse*, *Chalcédoine*, *Chaldéen*, *chaos*, *Eucharistie*, *Archange*, *chirographaire*, *chirologie*, *chiromancie*, *chiromancien*, *Melchior*, *Melchisédech*, *Nabuchodonosor*; on doit prononcer : *Achille*, *Chypre*, *Achéron*, *chétif*, *chérubin*, *chirurgien*, *archiduc*, *archevêque*, *patriarche*, *Michel*, etc., en la manière ordinaire; mais *archiépiscopal*, *patriarchat*, *Michel-Ange*, se prononcent *nrkiepiscopat, patriarkat* et *Mikel-Ange.*

D, à la fin d'un mot, devant un autre mot qui commence par une voyelle ou une *h* muette, se prononce quelquefois comme un *t. C'est un grand affronteur; voilà un grand homme; le froid est extrême :* prononcez comme s'il y avoit *grant* et *froit.*

Quand la lettre *f* est à la fin d'un mot, elle se fait sentir aussi bien devant les mots qui commencent par une consonne que devant ceux qui commencent par une voyelle. Ainsi, il faut prononcer de la même manière *soif brûlante* et *soif ardente; vif désir* et *vif amour.* Mais elle est nulle dans *cerf, cerf-volant,* et se prononce dans *serf* (esclave). *F* se fait sentir dans le singulier des mots *œuf, nerf, bœuf;* mais elle devient nulle au pluriel : on prononce *œus, ners, bœus.* On dit encore un *œu* dur, un *ner* délicat, un *bœu* salé; mais dites un *bœuf* à la mode. *F* se change en *v* dans le mot *neuf* (nom de nombre), quand le mot suivant commence par une voyelle; exemple : *il y a* neuf *ans;* prononcez *neuv* ans. Mais elle se prononce, lorsqu'on dit : *un* neuf *de cœur,* et dans l'adjectif *neuf, un habit* neuf, *des habits* neufs.

G devant *a, o* et *u,* se prononce dur; et devant *e* et *i,* il s'amollit et se prononce comme *j* consonne. La différence de ces deux prononciations se voit dans ce mot *gage.*

G avec *n* forme une prononciation mouillée, comme en ces mots : *digne, signal, agneau, magnétisme, incognito*; mais il a le son ferme dans *gnome, gnostique, Progné, inexpugnable, stagnant, ignée.*

Les mots *signet* (d'un livre) et *Regnard* (poëte françois), sont les seuls où *gn* se prononce comme *n*; dites *sinet* et *Renard*.

Quand le *g* est final, et qu'il est suivi immédiatement d'un mot qui commence par une voyelle, il se prononce ordinairement comme un *c*; un *sang aduste*, un *long hiver*.

A la fin de quelques mots, il ne se prononce point du tout, même devant une voyelle, comme en ces mots : *étang, faubourg*. Il se prononce à peu près comme *k* dans *bourg.*

H est aspirée dans *héros*; on dit, *le héros*; mais elle n'est point aspirée dans *héroïsme*; on dit : *l'héroïsme de la vertu.*

La lettre *h* ne se prononce point dans le mot *anachorète.*

Quand *h* se trouve après un *p* dans les mots d'origine grecque ou hébraïque, ces deux lettres ensemble se prononcent comme une *f*, par exemple, dans ces mots : *Séraphin, Japhet, Philippe, Phalaris, physique, philosophie, sphinx, etc.*

Quand l'*I* voyelle, ou la consonne *J* sont majuscules, alors on supprime le point, dont ailleurs ils doivent être surmontés.

* Lorsque la lettre *l* est double, et qu'elle est précédée de *ai*, *ei*, *oui*, elle se prononce mouillée, comme en ces mots : *travailler, maille, bailler, veiller, recueillir, fouiller, grenouille*. Elle se prononce aussi de même en quelques mots où elle n'est précédée que d'un *i*, comme en ceux-ci : *fille, quille, briller*, et plusieurs autres.

La même prononciation est suivie dans les mots qui finissent en *ail*, *eil*, *ueil* et *ouil*, par *l* simple, comme *travail, réveil, cercueil, œil, fenouil*; et dans quelques autres qui ne finissent que par *il*, comme *mil* (dans la signification de millet).

Il y a quelques mots, comme *sourcil, outil, baril, gentil*, qui finissent par *il*, et dans lesquels *l* ne sonne point du tout. On prononce comme s'il y avoit *sourci, outi, bari, genti*. Mais *l* est mouillée dans *gentilhomme* (celui qui est noble de race); on écrit au pluriel *gentilshommes*, et on prononce *gentizommes*.

Quand la lettre *m* est à la fin d'un mot, elle ne prend qu'un son nasal. Ainsi on prononce, *nom, parfum, faim*, comme s'il y avoit, *non, parfun, fain*; mais dans la plupart des mots étrangers, comme *Abraham, Jérusalem, Stockholm, Amsterdam*, etc., elle se prononce comme si elle étoit suivie d'un *e muet*. Elle a le son nasal dans *Adam*.

Cette lettre ne se prononce encore que

comme *n*, quand elle est au milieu d'un mot devant *b*, *p* ou *n*; ainsi on prononce *emblême*, *emploi*, *embarras*, *empire*, *impatience*, *comparaison*, *condamner*, comme s'il y avoit *enblême*, *enploi*, *enbarras*, *enpire*, *inpatience*, *condanner*. Il en faut excepter certains mots, comme *amnistie*, *Memnon*, *somnifère*, etc., qui sont empruntés des autres langues, où elle retient toute sa prononciation. Lorsque cette lettre est redoublée dans les mots composés de la particule *en*, la première se prononce encore comme *n*; ainsi on prononce *emmener*, *emmailloter*, etc., comme si on écrivoit, *enmener*, *enmailloter*. Hors de là elle retient sa prononciation ordinaire, comme dans *immédiatement*, *comminatoire*, etc.

O ne se fait point sentir dans les mots suivants : *faon*, *Laon*, *paon*, qu'on prononce comme *fan*, *Lan*, *pan*; *août* (huitième mois de l'année) se prononce *oût*. Mais l'*a* se fait entendre dans le verbe *aoûter* (terme de jardinage); *aoriste* se prononce *oriste*; *Caen* (ville) se prononce *Can*; *taon* se prononce *ton*; *Saône* se prononce *Sône*.

O précédé de *ge* sans accent (*geo*), se prononce comme s'il étoit précédé d'un *J*. Exemples : *géolage*, *geole*, *geolier*, *geolière*, *Georges*, prononcez *jolage*, *jôle*, *jolier*, *jolière*, *Jorges*, etc.

On ne fait guère sonner la lettre *s* à la fin

d'un mot, si ce n'est lorsque le mot qui suit commence par une voyelle. Ainsi, dans ces mots, *mes propres intérêts*, on fait sonner *s* de la dernière syllabe de *propres*, comme si le mot *propre* finissoit par un *e* muet, et que le suivant commençât par un *z* : *mes propre zintérêts*. Cependant on prononce toujours l'*s* finale des mots suivants : *aloës, as, bibus, blocus, dervis, gratis, jadis, laps, maïs, Mars, Rheims, Rubens*.

L'*s* ne se prononce point dans le mot *christ*, lorsqu'il est précédé de celui de *Jésus*; mais elle se prononce toutes les fois que le même nom se dit seul. On ne la fait point sentir dans le mot *antechrist*.

S entre deux voyelles se prononce comme *z*. Exemples : *maison, poison, rose, fraise, amuser, etc.* Cependant elle a le son ferme dans *préséance, présupposer, désuétude, monosyllabe, parasol, persécution, vraisemblance*.

T ne se prononce pas à la fin de ces mots, *respect, aspect*, même quand le mot suivant commence par une voyelle ou une *h* muette : ainsi prononcez *respect humain* comme s'il y avoit *respec humain*.

U précédé de *q* (*qu*), a le son de *cou* dans *aquatile, aquatique, équateur, équation, in-quarto, quadragénaire, quadragésime, quadrature, quadrupède, quadruple, quartenaire, etc.*

5

Qu a le son de *cu* dans *équestre*, *liqué-faction*, *questeur*, *Quinte-Curce*, *quin-tuple*, etc.

Qu se prononce comme *k* dans *quidam*, *quiproquo*, *liquéfier*.

U précédé de *g* (*gu*), a le son doux dans les mots *guise* (manière), *anguille*, *san-guin*, *sanguinaire* : prononcez *ghise*, *ang-hille*, etc. Mais faites sentir l'*u* dans ces mots : *Guise* (le duc de Guise), *aiguille*, *aiguillon*, *aiguiser*, etc.

Prononcez et écrivez, *vide*, *vider*, *vidan-ger*, et non pas *vuide*.

Écrivez *Laws* et prononcez *Las* : le système de *Las*.

X a tantôt le son de *cs* joints ensemble, comme dans *Xantipe*, *Xerxès*, *extrême*, *axe*, *taxe*, *Aix-la-Chapelle*, etc. ; tantôt de *gz* aussi joints ensemble, comme dans *exercice*, *Xavier* ; tantôt d'un *c* dur, comme dans *excepter* ; tantôt enfin il se prononce comme *s*, par exemple, dans les mots *Au-xerre*, *Bruxelles*, *Aix* ; tantôt comme *z*, par exemple, dans *deuxième*, *sixième*, etc.

À la fin du mot, il a le son tantôt de *cs* joints ensemble, comme dans *ceux-ci*, qui ont passé de la langue grecque dans la nôtre, *Styx*, *sphinx*, *linx*, etc. ; et dans ce mot pris du latin, *préfix* ; tantôt il se prononce comme *s* à la fin d'un mot, c'est-à-dire, que

Devant une voyelle, il a le son adouci du *z*, comme *baux à longues années.*

En certains mots, tels que *dix* et *six*, il ne se prononce point devant une consonne : il a le son du *z* devant une voyelle ; et quand il est final, ou qu'il est suivi d'un repos, il se prononce fortement comme *s*.

Des Noms composés.

Quand un nom est composé de deux substantifs, ils prennent tous deux la marque du pluriel. Exemple : un *chef-lieu*, des *chefs-lieux*.

Quand un nom est composé d'un substantif et d'un adjectif, l'un et l'autre prennent également le signe du pluriel. Exemples : un *arc-boutant*, des *arcs-boutants* (le *c* ne se prononce point); un *chat-huant*, des *chats-huants* (le *t* de la première syllabe ne se prononce point, et l'*h* de la seconde est aspirée).

Si le nom est composé de deux substantifs unis par une préposition, on ne met la marque du pluriel qu'au premier des deux substantifs. Exemples : un *arc-en-ciel*, des *arcs-en-ciel* ; un *bec-de-corbin*, des *becs-de-corbin* ; un *chef-d'œuvre*, des *chefs-d'œuvre* ; un *bout-d'aile*, des *bouts-d'aile*, etc.

S'il est composé d'un substantif joint à un verbe ou à une préposition, le substantif seul se met au pluriel. Exemples : un *abat-jour*, des *abat-jours* ; un *boute-feu*, des *boute-feux* (il est formé du verbe *bouter*, qui ne se dit plus) ; un *passe-port*, des *passe-ports*, un *perce-lettre*, des *perce-lettres* ; un *avant-coureur*, des *avant-coureurs* ; une *avant-pêche*, des *avant-pêches* ; une *contre-danse*, des *contre-danses*, etc.

Noms de nombre.

Cent, au pluriel, prend une *s* quand il est suivi d'un substantif. Exemple : *deux* cents *hommes* ; mais il ne prend point *s*, s'il est suivi d'un autre nom de nombre ; exemple : *deux* cent *cinquante hommes*.

Cent est aussi quelquefois substantif masculin : *un* cent *d'œufs, d'épingles*, etc. ; *trois* cents *de paille*.

Lorsque *vingt*, multiplié par un autre nombre, précède immédiatement un substantif, on ajoute toujours *s* à la fin de *vingt*. Ainsi, on dit : *cent quatre-vingts soldats*, *cent quatre-vingts chevaux, six-vingts hommes, quatre-vingts ans*. Mais on ne l'ajoute point quand il précède un autre nombre auquel il est joint. Ainsi, on dit : *quatre - vingt-deux hommes, quatre-vingt-trois lieues*. (Acad.)

Vingt se dit quelquefois pour *vingtième*. *Le vingt du mois, le vingt de sa maladie*. On dit *cent un*, mais il faut dire *vingt et un*, *vingt et unième* avec la conjonction *et*. Cette conjonction se joint pareillement aux noms de nombre *trente*, *quarante*, etc.; *trente et un*, *quarante et un*.

Question. Le nom *vingt et un* demande-t-il un singulier ou un pluriel?

Rép. Quand on dit *vingt et un siècles*, *vingt et une pistoles*, l'oreille ne peut distinguer si *siècles* et *pistoles* sont au singulier ou au pluriel. La question ne devient sensible que quand on demande s'il faut dire : *il a vingt et un cheval* ou *vingt et un chevaux dans son écurie*. *Vingt et un cheval* blesse tellement l'oreille, qu'on ne peut s'empêcher de conclure qu'il faut dire *vingt et un chevaux*. Ainsi, *vingt et un* demande le pluriel.

Cependant il est certain qu'on dit : *vingt et un an*, et l'usage autorise cette exception. Mais ce même usage veut que « s'il suit un ad-» jectif après *un*, on mette cet adjectif au » pluriel : *il a vingt et un an* accomplis, et » *vingt et un an* passés, et non pas *vingt et* » *un an* accompli ou passé.

» On dit de même : *ce mois a trente et un* » *jour*, et non pas *trente et un* jours.

» Si l'on y joint un adjectif, il faut dire au » pluriel : *il y a trente et un* jours passés, » qu'on n'a reçu de ses lettres. » (L'Aca-» démie sur Vaugelas.)

Dans le mot *vingt*, on ne prononce jamais le *g*; et l'on ne prononce pas non plus le *t* quand il est suivi d'une consonne.

Pour la date des années on écrit *mil*; exemple : *le froid fut très-grand en mil sept cent neuf.* Partout ailleurs on écrit *mille*, qui ne prend jamais *s* : *dix mille hommes; dizaine de mille; les Mille et une Nuits.*

Mais quand *mille* exprime une étendue de chemin, alors il faut mettre une *s* au pluriel. *Il courut dix milles; ce cheval fait tant de milles par jour.*

Les deux *ll* ne se mouillent point dans le mot *mille*.

On dit une *demi-heure*, une *demi-douzaine.* Ce mot *demi* ne change point, quand il est devant le nom; mais dites : une *heure et demie*, une *douzaine et demie.* Quand le mot *demi* est après le nom, il en prend le genre.

Demie s'emploie quelquefois comme substantif féminin, pour signifier *demi-heure.* Ce mot reçoit alors un pluriel. Ainsi on dit : cette horloge, cette pendule sonne les heures et les demies.... la demie est-elle sonnée?

Quest. Y a-t-il quelque différence entre *tous deux* et *tous les deux*?

Rép. Oui; *tous deux* signifie que deux personnes faisoient ensemble et à la fois, la même action. *Tous les deux* signifie que deux personnes faisoient la même action, sans signifier précisément qu'elles la faisoient ensemble et dans le même temps.

EXEMPLES.

Pierre et Paul iront, *tous deux*, à la chasse.

Pierre et Paul iront, *tous les deux*, à la chasse.

Dans la première phrase, on dit que Pierre et Paul iront ensemble chasser dans le même lieu, et qu'ils ne se sépareront pas.

Dans la seconde phrase, on dit qu'ils chasseront tous les deux, sans exprimer s'ils iront, ou non, dans le même lieu, et si ce sera dans le même temps. (M. Sicard.)

Noms Collectifs.

Les noms *collectifs* sont ceux qui énoncent une *réunion* ou *collection* d'objets.

Les collectifs sont de deux sortes ; le *collectif général* et le *collectif partitif.*

Le collectif *général* est celui qui énonce *l'universalité* des objets. Le *peuple*, l'*armée* sont des noms *collectifs généraux.*

Le collectif *partitif* est celui qui désigne un nombre tiré d'un plus grand. *Moitié, dizaine, etc.* sont des *substantifs partitifs.*

Règle des collectifs généraux. L'adjectif, le pronom et le verbe s'accordent toujours avec le collectif général, et jamais avec le substantif qui suit.

EXEMPLES.

L'armée des ennemis fut battue *par les François.*

Le peuple *des villages voisins y* accourut.

Première règle des collectifs partitifs.
Les *collectifs partitifs* suivis d'un nom pluriel, veulent le verbe et l'adjectif au pluriel.

EXEMPLES.

La plupart *des enfants* sont légers.

Peu *d'enfants* sont attentifs.

Le peu *d'occasions que j'ai* eues *de vous*
marquer ma reconnoissance.

Quelle quantité *de régions j'ai* parcou-
rues !

Une foule *d'amis* sont venus *me voir.*

Il n'est sorte *de protestations qu'il ne*
m'ait faites.

Deuxième règle des collectifs partitifs.
Quand le collectif partitif est suivi d'un substantif singulier, l'adjectif, le pronom et le
verbe sont au singulier.

EXEMPLES.

Le peu *d'affection qu'il m'a* témoigné.

Une infinité *de monde se* jeta *là-dedans.*

Une immense quantité *de peuple* étoit
présente *à ce spectacle.*

La plupart *du peuple* vouloit, *etc.*

Lorsque la *plupart* se dit absolument, alors
il régit presque toujours le pluriel du verbe,
soit que le substantif auquel il se rapporte soit
pluriel ou non. *Le* sénat *fut* partagé, *la*
plupart vouloient *que..... la* plupart *furent*
d'avis.... etc.

De l'Article.

On supprime l'article, devant les noms communs, pris dans une partie indéterminée de leur signification, lorsque ces noms sont précédés de leur adjectif, ou d'un adverbe qui renferme une idée de quantité.

EXEMPLES.

Cet homme n'est pas dépourvu de grands talents, et non pas *des* grands talents. *J'ai vu* de *belles maisons*, et non pas *des* belles maisons. *J'ai bu* de *bon vin*, et non pas *du* bon vin. *J'ai mangé* de *bonne viande*, et non pas *de la* bonne viande. *Il a beaucoup* de *talents*; *il a beaucoup* de *vertu*, etc.

Mais si les noms sont employés dans un sens déterminé, il faut mettre l'article, lors même que ces noms sont précédés de leur adjectif.

EXEMPLES.

Cet homme n'est pas dépourvu des *grands talents qu'exige sa place.* Le substantif *talents*, a ici un sens déterminé, que ces mots, *qu'exige sa place*, servent à lui donner. *Ce marchand s'est défait avantageusement* des *belles étoffes qu'il avoit achetées à un prix modique*; le substantif *étoffes* est employé ici dans un sens déterminé, que lui donnent ces mots, *qu'il avoit achetées à un prix modique.*

Racine a donc fait une faute, en disant dans sa tragédie de *Mithridate*; *Qui sait si ce roi*

> N'accuse point le ciel qui le laisse outrager,
> Et *des* indignes fils qui n'osent le venger.

Il auroit fallu *d'indignes fils*, ou plutôt, *et deux indignes fils*.

Bien, mis pour *beaucoup*, n'est pas précisément un adverbe qui renferme une idée de quantité; mais il signifie seulement *en abondance*, *largement*. Ainsi, il doit être suivi de l'article. *Cet homme a beaucoup* de *vertu*, et *bien* de la *vertu*; *beaucoup* de *courage*, et *bien* du *courage*.

Des Genres.

Avons-nous des substantifs qui soient des deux genres?

On en comptoit beaucoup autrefois. L'usage en a diminué le nombre.

Boileau regardoit le mot *équivoque* comme étant des deux genres. Équivoque *maudit ou maudite*, disoit-il; aujourd'hui le genre de ce nom est bien certainement le féminin.

Le mot *automne* avoit aussi les deux genres; on trouve dans le Dictionnaire de l'Académie: *un bel automne*, et *une automne froide* et *pluvieuse*. Mais l'usage attesté par M. d'Alembert ne permet plus de donner à ce nom que le genre masculin. D'ailleurs l'analogie avec la dénomination masculine des trois autres saisons, sembloit l'exiger.

Le mot *épiderme*, que *Molière* a cru féminin, est du genre masculin. *Le simple épiderme.*

Nous ne connoissons de noms qui aient conservé les deux genres, que ceux-ci :

Aigle est un nom masculin, lorsqu'on l'emploie pour désigner le plus grand et plus fort des oiseaux de proie. Ainsi on dit *un* aigle *noir; un* aigle *fier* et *courageux*.

Mais *aigle*, en termes d'armoiries et de devises, est féminin. Ainsi, on dit : *l'aigle impériale* pour dire, *les armes de l'empire*. On dit aussi *l'aigle Romaine*, les *aigles Romaines*, pour dire *les enseignes des légions Romaines*, parce qu'en haut de ces enseignes, il y avoit la figure d'un aigle.

Amour, masculin en prose, devient dans les vers ou dans la prose poétique, masculin ou féminin, au gré de l'auteur. Racine a dit dans Bajazet :

Avant que dans son cœur cette amour fût formée.

Au pluriel, sur-tout, le féminin paroît avoir de la grâce. *Mes premières amours ; de mes amours.*

Délice, masculin au singulier, est féminin au pluriel. *C'est un délice de boire frais en été; les enfants font mes plus chères délices.*

Exemple est toujours du masculin, si ce

n'est quand il signifie un modèle d'écriture, comme dans cette phrase : *ce maître écrivain donne de* belles exemples *à ses élèves.*

Foudre ; le *foudre vengeur* ; *être frappé* du *foudre* ; *être frappé* de la *foudre* ; on dit, au figuré, un grand *foudre de guerre*, pour signifier un général d'armée qui a remporté plusieurs victoires et donné des preuves d'une valeur extraordinaire. En cette acception, il est toujours masculin. On dit semblablement, un *foudre d'éloquence* ; pour signifier un grand orateur.

Gens est du genre masculin, lorsqu'il est suivi d'un adjectif : *gens instruits, gens éclairés.*

Il est du genre féminin, lorsque l'adjectif le précède : *ce sont de* bonnes *gens ; voilà de* sottes *gens.* Il n'y a d'exception que pour l'adjectif *tout*, qui étant mis devant *gens*, y est toujours masculin, comme : *tous les gens de bien ; tous les honnêtes gens.* On ne peut même pas dire : *toutes les bonnes gens* ; ce mot *toutes* ne peut être placé devant *gens* avec les autres adjectifs féminins que le substantif *gens* demande.

Hymne est ordinairement masculin. On dit : *des* hymnes *républicains.* Cependant, suivant l'Académie, il s'emploie au féminin en parlant des hymnes qu'on chante dans l'église : *Entonner* une *hymne* ; *Santeuil a composé de* belles *hymnes.*

Orgue est masculin au singulier : *Un bon
orgue; l'orgue d'une telle église est* excel-
lent*; un orgue portatif*. Mais le mot *orgues*,
au pluriel, est du féminin : *il y a de* bonnes
orgues en tel endroit : des *orgues porta-
tives*.

Le mot *aide* est du féminin, quand il signifie l'assistance, le secours qu'une personne
donne à une autre : *aide prompte; aide as-
surée*. Il est encore du genre féminin quand
il exprime la personne même dont on reçoit
le secours : *vous êtes toute son aide*.

Mais il est du masculin, quand on s'en sert
pour désigner des personnes dont l'emploi
consiste à être auprès de quelqu'un pour servir conjointement avec lui et sous lui : *un
aide de camp; un aide major; un aide
de cuisine*.

Le mot *couple* est du genre féminin quand
il marque seulement le nombre de *deux* :
*une couple d'œufs; une couple de chapons;
une couple de boîtes de confitures; donnez-
m'en une couple*.

Mais il est du masculin, quand il signifie
deux personnes unies ensemble par mariage :
*beau couple; heureux couple; voilà un
beau couple*.

Il s'emploie encore au masculin, en parlant des animaux, pour exprimer le mâle et
la femelle. Ainsi, on dit : *un couple de*

perdrix, un couple de tourterelles, pour signifier le mâle et la femelle.

D'après cela, il est aisé de comprendre quelle différence il y a entre *un couple de pigeons*, et *une couple de pigeons*. *Un couple de pigeons* exprime le mâle et la femelle. *Une couple de pigeons* indique seulement le nombre de deux pigeons pris dans un plus grand nombre.

On dit dans le premier sens : *un couple de pigeons* est suffisant pour peupler une volière.

On dit dans le second : *une couple de pigeons* ne sont pas suffisants pour le dîner de six personnes. Ici le mot *couple* est employé comme nom partitif.

Echo est masculin quand il signifie la répétition du son ; *un bon écho, l'écho est sourd à ma voix*.

Il est féminin, quand il désigne la Nymphe de ce nom : *Echo étoit amoureuse de Narcisse*.

Enfant est masculin quand on parle d'un garçon : *c'est un bon enfant; voilà un joli enfant*..... Il est féminin, quand on parle d'une fille : *voilà une belle enfant; vous êtes une jolie enfant; c'est la meilleure enfant du monde; la pauvre enfant*.

Enseigne est masculin, lorsqu'il désigne un officier qui porte le drapeau. Exemple :

un enseigne *monta le premier à la brèche.*

Il est féminin dans toute autre acception. *Je le reconnus à l'enseigne qu'on m'en avoit donnée ; venir à bonnes enseignes ; il loge à une telle enseigne ; tambour battant, enseignes déployées ; les enseignes Romaines ; il portoit une enseigne de diamants au chapeau ; elle portoit à sa coiffure une enseigne de pierreries.*

Garde est du masculin, lorsqu'il signifie un homme armé qui est destiné pour faire la garde auprès d'un magistrat suprême, d'un Empereur, d'un Roi, d'un Prince, etc. *Il n'avoit avec lui qu'un de ses gardes.*

Mais il est du féminin, lorsqu'il présente une réunion d'hommes : *la garde* de l'empereur ; *la garde Parisienne , la garde nationale.*

Manche est du masculin , quand il désigne la partie d'un instrument par où on le prend pour s'en servir : *le manche d'un couteau ; long manche ; court manche ; le manche est rompu ; cette cognée branle au manche, branle dans le manche ; jeter le manche après la cognée.*

Mais il est féminin , lorsqu'il indique la partie du vêtement dans laquelle on met le bras : *la manche d'une robe, d'une chemise ; les manches sont trop courtes.*

Manœuvre est masculin , lorsqu'il signifie un homme qui travaille de ses mains, un aide à maçon, un aide à couvreur. On l'emploie au figuré et par mépris pour désigner un homme qui exécute un ouvrage d'art grossièrement et par routine : *ce n'est* qu'un *manœuvre.*

Il est féminin, lorsqu'il exprime ce qui se fait pour le gouvernement d'un vaisseau, ou les mouvements qu'un général d'armée fait exécuter à ses troupes ; *comme ils se virent en présence, ils firent une manœuvre qui leur fit gagner le vent sur les ennemis..... les ennemis croyoient l'avoir enfermé, mais il fit une manœuvre qui les déconcerta fort.*

Il se dit encore au figuré de la conduite bonne ou mauvaise qu'on tient dans les affaires du monde : *il a fait une manœuvre qui a gâté ses affaires ; il a fait là une étrange manœuvre.*

Œuvre est féminin, quand il signifie une action, un ouvrage : la moindre *des œuvres de la nature est plus* parfaite *que toutes* celles *de l'art.* Selon la Genèse, l'œuvre *de la création fut achevée en six jours; les chrétiens disent que l'œuvre de la rédemption fut accomplie sur la croix.*

Mais *œuvre* est masculin, lorsqu'on s'en sert en alchimie, pour exprimer la pierre philosophale, et il ne s'emploie qu'au singulier avec le mot *grand : travailler au grand œuvre.*

On se sert encore au masculin du mot d'*œuvre*, en parlant d'estampes, pour dire, le re-
cueil de toutes les estampes d'un même gra-
veur : *avoir* tout *l'œuvre de Callot*..... Il se
dit aussi des ouvrages des musiciens : *le* premier, *le* second *œuvre de* Sacchini.

Parallèle est un substantif féminin, lorsqu'il signifie une ligne parallèle à une autre :
tirer une parallèle.

Il est masculin, lorsqu'il désigne un cer-
cle parallèle à l'équateur : *tous ceux qui
sont sous le même parallèle, ont la même
latitude, ont les jours et les nuits de la
même longueur*. Il est encore masculin, lorsqu'il exprime la comparaison de deux choses
ou de deux personnes entr'elles : un *juste parallèle; faire le parallèle de* Charlemagne
avec Napoléon.

Période est féminin, lorsqu'on s'en sert
pour exprimer la révolution ou le cours que
fait un astre pour revenir au même point dont
il étoit parti : *le soleil fait* sa *période en trois
cent soixante-cinq jours et près de six heures; la lune fait sa période en vingt-neuf
jours et demi*. *Période* a le même genre,
lorsqu'il se dit de la révolution d'une fièvre
qui revient en certains temps réglés : *la fièvre quarte et toutes les autres fièvres inter-
mittentes ont leurs périodes* réglées. Enfin,
période est encore du féminin, quand il signifie la portion d'un discours, arrangée

dans un certain ordre, et composée de plusieurs membres qui, pris ensemble, renferment un sens complet : *période longue*; *période courte*; *période nombreuse*; *période bien* arrondie.

Mais *période* est masculin, lorsqu'il est pris au figuré pour exprimer le plus haut point où une chose puisse arriver, ou lorsqu'il signifie un espace de temps vague : *Démosthène et Cicéron ont porté l'éloquence à son plus haut période...., dans un certain période de temps; dans le dernier période de sa vie.*

Personne est féminin, lorsqu'il signifie un homme ou une femme : *c'est la personne du monde qui reçoit le mieux ses amis; des personnes* constituées *en dignité; des personnes fort* éclairées.

Mais lorsque le mot *personne* signifie *nul, qui que ce soit*, il est masculin singulier et toujours précédé ou suivi d'une négation : *personne ne sera assez hardi; il n'y a personne si peu instruit des affaires, qui ne sache..... etc.*

Guide est masculin, quand il indique celui ou celle qui conduit une personne : *bon, fidelle, sûr* guide. Il est féminin, quand il signifie la rêne qui sert à conduire un cheval attelé à un carrosse ou à un cabriolet : *la guide du côté droit de ce cheval s'est rompue.*

Vase est masculin, quand il signifie un

vaisseau propre à contenir quelque liqueur : *vase* fêlé, *vase* précieux, *vase* sacré. Il est féminin lorsqu'il exprime la bourbe qui est au fond des rivières, des marais, etc. *ce bateau s'est enfoncé dans* la *vase*.

Il y a beaucoup d'autres substantifs des deux genres, dont l'énumération seroit trop longue.

Des Nombres.

Plusieurs substantifs s'écrivent au pluriel comme au singulier. Ainsi, l'on doit écrire : des *accessit*, des *alibi*, des *alinéa*, des *duo*, des *errata*, des *opéra*, des *quiproquo*, des *zéro*, etc. (Acad.)

Des Adjectifs.

1°. Quand un *adjectif* se rapporte à deux noms de choses qui sont le régime d'un verbe précédent, ou d'une préposition, cet adjectif s'accorde en genre et en nombre avec le second substantif auquel seul l'esprit s'attache, parce qu'il est le plus proche. (Acad.)

E X E M P L E S.

Il a apporté, dans l'examen de cette affaire, un discernement et une application étonnante.

Il trouva les étangs et les rivières glacées.

Il n'en est pas de même, quand les deux substantifs servent de nominatif au verbe qui suit. Comme ces deux noms demandent alors le verbe au pluriel, il faut que l'adjectif soit aussi au pluriel ; et si les noms sont de différents genres, l'adjectif prendra le masculin, comme étant le genre le plus noble. (*Voyez* page 20.)

2°. Lorsqu'un adjectif suit deux substantifs séparés par la préposition *de*, auquel des deux doit-il se rapporter? Faut-il dire, par exemple, *après six mois de temps écoulés*, ou, *après six mois de temps écoulé?*

L'Académie a décidé qu'il falloit dire : *après six mois de temps* écoulés, et non pas *écoulé*, parce que l'adjectif qui suit, se rapporte toujours au premier des deux substantifs, dans toutes les phrases de cette nature. Ainsi, on dira encore : *après trois heures du jour*, passées *à la promenade; après deux jours de la semaine*, passés *en plaisirs.*

3°. Nous avons dit que l'usage règle seul la place que doit occuper l'adjectif. La position de l'adjectif avant ou après le substantif, en change souvent la signification. En voici quelques exemples :

Un homme grand *est un homme d'une grande taille; un* grand *homme est un homme d'un grand mérite.*

Le galant *homme est un homme qui a de la probité, des manières civiles, une conversation agréable; l'homme* galant *est celui qui cherche à plaire aux dames.*

Un homme galant *n'est pas toujours un* galant *homme*, *le galant* homme *est rarement un homme* galant.

Un honnête *homme est un homme d'honneur, de probité*; *un* homme honnête *est* un homme *civil et poli. Un* honnête *homme n'est pas toujours un homme* honnête ; *et un homme* honnête *n'est pas toujours un* honnête *homme.*

Un homme plaisant *est un homme enjoué*; *un* plaisant *homme est un homme ridicule.*

Une femme grosse *est celle qui est enceinte* ; *une* grosse *femme est celle qui a de l'embonpoint.*

Un pauvre *auteur est un auteur de peu de mérite* ; *un auteur* pauvre *est un auteur qui n'a point de fortune.*

4°. L'adjectif *nu* devant les noms pluriels *pieds*, *jambes*, est invariable ; et se joint à ces substantifs par un trait d'union. Ainsi, écrivez : *nu-pieds*, *nu-jambes*. Mais on ne dit pas au singulier, *nu-pied*, *nu-jambe* ; cependant on dit bien *nu-tête*. (Acad.)

5°. Quelques personnes emploient l'adjectif *conséquent* au lieu de *grand, important, considérable*. Ainsi, on entend souvent dire : c'est une perte conséquente, c'est une somme conséquente, pour signifier une perte considérable, une somme considérable. Ce sont-là tout autant de fautes contre la langue. L'adjectif *conséquent* ne peut s'employer que pour désigner une personne qui raisonne, qui agit conséquemment : *cet homme est* conséquent *dans ses discours, dans ses projets, dans sa conduite.* (Acad.)

6°. Les adjectifs possessifs *son, sa, ses, leur, leurs,* ne peuvent être mis dans une proposition, pour un nom de chose inanimée, que quand le nom de cette chose se trouve exprimé dans la même proposition. On dit bien, par exemple, *cet auteur a ses partisans ; cet avis a ses contradicteurs ;* parce que dans le premier cas, l'adjectif *ses* se rapporte à un nom de *personne,* et que dans le second, où il se rapporte à un nom de *chose,* ce nom se trouve exprimé dans la même proposition. Mais on ne peut pas dire : *la ville de Paris est belle, j'admire ses bâtiments,* parce qu'ici l'adjectif *ses* se rapporte à un nom de chose inanimée, et que ce nom, qui a été exprimé dans la première proposition, *la ville de Paris est belle,* n'est pas exprimé dans la seconde proposition, *j'admire ses bâtiments.* Il faut dire : *la ville de Paris est belle, j'en admire les bâtiments.*

Cependant quoique le nom de chose ne se trouve pas dans la même proposition, on se sert bien de *son, sa, ses,* etc., lorsque ces adjectifs sont précédés d'une préposition.

E X E M P L E.

La ville de Paris est belle, j'admire la grandeur de ses *bâtiments*.

7°. *Tout* mis pour la conjonction *quoique*, ou pour l'adverbe *entièrement*, ne change point de nombre devant un adjectif masculin pluriel. Exemple : *les enfants*, tout *aimables qu'ils sont*, *ne laissent pas d'avoir bien des défauts ; ces vins-là veulent être bus* tout *purs*.

Tout devant un adjectif féminin qui commence par une consonne, reçoit le genre et le nombre, comme l'adjectif. *Elle est* toute *malade ; elles furent* toutes *surprises de le voir ; des femmes* toutes *pénétrées de douleur ; de l'eau-de-vie* toute *pure*. Mais devant les adjectifs féminins qui commencent par une voyelle, *tout* ne change point. *Sa maison est* tout *autre qu'elle n'étoit ; un chien qui a les oreilles* tout *écorchées ; des femmes* tout *éplorées ; avoir les mains* tout *emportées ; tout ingrate qu'elle est ; ces hardes* tout *usées qu'elles sont ; cette armée a péri* tout *entière*, etc.

8°. *Quelque.....* que s'emploie de cette manière.

1°. S'il y a un adjectif entre *quelque* et *que*, alors *quelque* ne prend jamais *s* à la fin.

E X E M P L E.

Les rois, quelque *puissants qu'ils soient*,

4

ne doivent pas oublier qu'ils sont hommes.

2°. S'il y a un nom entre *quelque* et *que*, alors on met *quelque* au même nombre que le nom.

EXEMPLE.

Quelques *richesses* que *vous ayez*, *vous ne devez pas vous enorgueillir.*

3°. Si le nom n'est placé qu'après le *que* et le verbe, alors il faut écrire en deux mots séparés *quel*, ou *quelle* que, *quels* ou *quelles* que.

EXEMPLES.

Quelle *que soit votre force*, quelles *que soient vos richesses*, *vous ne devez pas vous enorgueillir; votre puissance*, quelle *qu'elle soit*, *ne vous donne pas le droit de mépriser les autres.*

9°. Mettez au pluriel le verbe qui suit *l'un et l'autre.* Ainsi dites : *l'un et l'autre* sont bons ; *l'un et l'autre* font *un très - mauvais usage du don de la parole.*

Quelque chose, s'emploie souvent comme un seul mot ; alors il est toujours masculin. *On m'a dit* quelque chose *qui est très-plaisant. Avez-vous lu ce livre ? Non, j'en ai lu* quelque chose *qui m'a paru* bon. Et souvent l'adjectif suivant est précédé de la préposition *de* : quelque chose *de* fâcheux, quelque chose *de* merveilleux.

Question. De quel genre doit être l'adjectif *bon* dans cette phrase? *Votre sœur a l'air bon ou* bonne.

Réponse. La nouvelle édition du Dictionnaire de l'Académie, par *Moutardier*, admet indifféremment l'une ou l'autre de ces deux locutions. *Elle a l'air* content, et *l'air* contente. M. *Sicard* prétend qu'on ne peut admettre que cette expression : elle a l'air *contente*, elle a l'air *bonne*. Il regarde les deux mots *avoir l'air* comme inséparables et équivalents au verbe *paroître*.

Les innovations que contient la nouvelle édition du Dictionnaire de l'Académie sont rejetées par la plupart des grammairiens et des hommes de lettres. Je respecte infiniment l'autorité de M. Sicard ; mais il convient lui-même qu'il est presque seul de l'avis de dire : elle a l'air *bonne*. Je crois qu'il vaut mieux suivre l'opinion la plus commune, et dire : *elle a l'air* bon, *l'air* content, *l'air* gracieux, etc., en faisant accorder l'adjectif avec le substantif *air*..... Il faut éviter de se servir de ces façons de parler pour les choses inanimées.

Des Pronoms.

1°. *M'Y* ne doit jamais être placé après le verbe qui régit le pronom personnel. Ainsi, on ne peut pas dire : *votre carrosse n'est pas plein, donnez-M'Y place* ; ni : *vous allez au spectacle, menez-M'Y.* Il faut alors que le mot *y* soit mis avant le pronom *me*. On dira donc : *donnez-y moi place* ; *menez-y moi*. Mais *m'y* se place très-bien avant le verbe : *je vais à la campagne, voulez-vous M'Y accompagner? Vous allez au spectacle, je vous prie de M'Y mener.*

Vous employé pour *tu*, veut le verbe au pluriel ; mais l'adjectif suivant reste au singulier.

E X E M P L E.

Mon fils, vous serez estimé, si *vous* êtes *sage.*

2°. Lorsque *même* se trouve placé après les pronoms personnels, il doit être précédé d'un trait d'union, et il prend nécessairement une *s* au pluriel. Exemple : *moi-même, toi-même, lui-même, elle-même, soi-même, nous-mêmes, vous-mêmes, eux-mêmes, elles-mêmes.* Il n'y a d'exception que pour *vous-même* et *nous-même*, quand ils se rapportent à un seul individu et non à plusieurs.

. . . . Vous-même, où seriez-vous,
Si toujours à l'amour Antiope opposée,
D'une pudique ardeur n'eût brûlé pour Thésée?

Le même poëte fait dire à Roxane dans *Bajazet :*

Va, mais nous-même allons, précipitons nos pas.
RACINE.

C'est que *nous* et *vous* ne sont pas alors des pluriels.

3o. *Le, la, les*, sont quelquefois pronoms, et quelquefois ils sont articles. L'article est toujours suivi d'un nom : le *frère*, la *sœur*, les *hommes* ; au lieu que le pronom est toujours joint à un verbe, comme : *je* le *connois*, *je* la *respecte*, *je* les *estime*.

Règle. Quand le pronom *le* se rapporte à un *substantif* précédé de son article, il s'accorde avec ce substantif en genre et en nombre ; mais quand il tient la place d'un *adjectif* ou d'un *verbe*, il est invariable.

Ainsi, lorsqu'on demande à une dame : *êtes-vous la nouvelle mariée ?... êtes-vous la propriétaire de cette maison ?* Elle doit répondre : *oui, je* la *suis. La*, parce que ce pronom se rapporte à un *substantif*, précédé de son article.

Il en seroit de même si l'on demandoit à une dame : *êtes-vous madame* Dupont ? Elle devroit répondre : *oui, je* la *suis. La*, parce que ce pronom se rapporte à un substantif, *la dame Dupont*. Dans ces phrases, le pronom *la* est un pronom personnel relatif mis au lieu de *elle* : *je suis* elle, celle *que vous dites*.

Mais si l'on demandoit à une demoiselle : *êtes-vous mariée ?* elle devroit répondre : *je* ne le *suis pas. Le*, parce que ce mot se rapporte à l'adjectif *mariée*. Si l'on demande à une dame : *êtes-vous malade ?* elle doit répondre : *je* le *suis*, et non *je* la *suis*.

Le se rapporte ici à la chose, et non à la personne. Il signifie *cela*, et non *elle*. *Je suis* cela, ce que *vous dites*, et par conséquent il est invariable. En effet, si une dame disoit à deux de ses amies : *quand je suis malade, je fais telle chose*, ces dames ne pourroient pas lui répondre : *et nous, quand nous* les *sommes, nous faisons*, etc.

Donc le pronom *le* ne prend ni genre ni nombre, quand il tient la place d'un adjectif... Il faut dire pareillement : *nous devons nous accommoder à l'humeur des autres autant que nous* le *pouvons*. On met *le*, parce qu'il se rapporte au verbe *accommoder*.

4°. Le pronom *soi* ne s'emploie qu'au singulier, et toujours avec un pronom indéfini exprimé ou sous-entendu, comme *on, chacun, ce*, etc.

E X E M P L E S.

On *doit parler rarement de* soi.

Chacun *travaille pour* soi.

N'aimer que soi, *c'est être mauvais citoyen.*

5°. Les pronoms possessifs, *le mien, le tien, le sien, le nôtre, le vôtre, le leur*, supposent toujours un substantif qui précède ; c'est donc une faute que de débuter ainsi en écrivant : *j'ai reçu* la vôtre *le cinq du courant*. Il faut écrire : *j'ai reçu votre lettre le cinq du courant.* N'écrivez pas non plus : *je vous ai écrit le huit du présent mois, et j'ai reçu la vôtre le quinze ;* mais écrivez : *je vous ai adressé ma lettre le huit du présent mois; et j'ai reçu la vôtre le quinze.* Dites encore : *je connois vos prétentions ; voilà les* mien-nes *;* ou : *voilà mes prétentions, je connois les vôtres. J'ai fait une visite à vos parents, je recevrai la* leur *au premier jour ;* ou *, je recevrai au premier jour la visite de vos parents, je leur ai fait la* mienne.

6°. *Ce* devant le verbe *être ,* demande ce verbe au singulier , excepté quand il est suivi de la troisième personne plurielle. On dit : c'est *moi,* c'est *toi,* c'est *lui,* c'est *nous,* c'est *vous* qui, etc. Mais il faut dire : ce *sont,* c'*étoient,* ce *furent,* ce *seront* eux , elles , vos *ancêtres* qui, etc.

E X E M P L E S.

*C'*est *nous qui avons rétabli le calme.*

C'est vous, généreux Athlétes, qui avez combattu glorieusement.

Ce sont *les honnêtes gens qui désirent la tranquillité.*

Ce sont *eux qui ont le plus contribué au gain de la bataille.*

C'étoient de braves gens que nos hôtes.

Ce furent eux qui, le voyant sans dé-fense, prirent son parti.

Ce seront eux qui auront le soin des affaires de la ville.

Quelques-uns répètent *ce* devant le verbe *être*, en ces sortes de phrases : *ce qu'il y a de plus déplorable*, c'est, etc. ; *ce qui me chagrine le plus*, c'est, etc. D'autres ne le répètent pas, et disent : *ce qui me chagrine le plus*, est, etc. L'Académie décide qu'il est toujours plus élégant de répéter *ce*, quand même le premier *ce* ne seroit pas beaucoup éloigné.

On en doit user de même, quand on a mis un autre mot que *ce* auparavant, comme : *la difficulté que l'on y trouve*, c'est, et non pas est, qui ne seroit pas si bien à beaucoup près.

En général on doit toujours préférer *c'est à est*.

Il faut dire : *c'est en Dieu que nous devons mettre notre espérance*, et non pas *en qui* ; *c'est à vous que je veux parler*, et non pas *à qui*. Boileau a commis une faute contre cette règle, dans ce vers :

C'est à vous, mon esprit, *à qui* je veux parler.

Quand le mot *que* se trouve placé après un substantif précédé d'une préposition, ce *que* est une conjonction, et non un pronom relatif.

Ne dites point : *c'est un crime de se montrer ingrat*, mais dites : *c'est un crime que de* se montrer ingrat. Dites pareillement : *ce seroit mal agir* que d'abandonner *ses parents*, et non pas *d'abandonner*. La conjonction *que* est d'une nécessité indispensable dans toutes les phrases semblables.

7°. *Qui* relatif est toujours du même nombre et de la même personne que son *antécédent*; ainsi, il faut dire : *moi* qui ai *vu*; *toi* qui as *vu*; *nous* qui avons *vu*; *vous* qui avez *vu*; *eux* qui ont *vu*, etc.

C'est donc une faute de dire, en parlant d'un livre : *c'est un des meilleurs ouvrages qui est paru depuis long-temps*. On doit dire : *c'est un des meilleurs ouvrages qui aient paru*. Dites pareillement : *la passion du jeu est un des vices qui* ont *le plus contribué à notre perte*, et non pas, *qui a le plus contribué*, etc. Mais si je veux faire entendre qu'un de mes enfants (Adolphe) s'est noyé, je ne dirai pas : *Adolphe est un de mes enfants qui se sont noyés*, puisque je n'ai pas eu plusieurs enfants qui se soient noyés, et qu'au contraire je n'en ai eu qu'un qui ait ainsi péri. Je dirai donc : *Adolphe est un de mes enfants, qui s'est noyé*. Pour faire sentir que le pronom relatif *qui* ne se rapporte pas au substantif *enfants*, je les sépare par une virgule.

Que relatif est toujours du même genre et du même nombre que son antécédent. Ainsi, écrivez : *Leibnitz est un des plus sa-*

vants hommes qu'on ait jamais vus, et non pas *vu*; votre fils est un des plus aimables enfants que j'aye connus, et non pas connu.

Qui, précédé d'une préposition, ne se dit jamais des choses, mais seulement des personnes. Ainsi, on peut bien dire : *la personne* à qui *j'ai donné ma confiance*; mais on ne dira point : *les sciences* à qui *je m'applique*. Il faut dire : *les sciences* auxquelles *je m'applique*.

8°. *Celui-ci, celui-là*, s'emploient de cette manière : *celui-ci* pour la personne dont on a parlé en dernier lieu; *celui-là* pour la personne dont on a parlé en premier lieu.

E X E M P L E.

Les deux philosophes Héraclite et Démocrite étoient d'un caractère bien différent; celui-ci *rioit toujours*; celui-là *pleuroit sans cesse.*

Ceci désigne une chose plus proche, *cela* désigne une chose plus éloignée. Exemple : *je n'aime pas* ceci; *donnez-moi* cela.

9°. Quoique le pronom *on* soit ordinairement suivi d'un masculin, comme dans cette phrase : *on n'est pas toujours maître de ses passions*, il y a des circonstances qui marquent si précisément qu'on parle d'une femme, qu'alors le pronom *on* est suivi d'un féminin. Exemples : *on n'est pas* maîtresse *d'accoucher le jour qu'on voudroit. Quand on est* jolie, *on ne l'ignore pas long-temps.*

Dans beaucoup de nos pièces de théâtre les mieux écrites, on trouve ces locutions : *on n'est pas plus* gentille *que Lisette. On n'est pas plus* folle *que Julie.*

Après les monosyllabes *si, on, et,* il faut faire précéder *on* d'une *l* avec une apostrophe. Si *l'on dit,* si *l'on savoit ; le pays* où *l'on trouve ; j'ai lu* et *l'on m'a raconté ; on y rit* et *l'on y pleure tour à tour.*

Le pronom masculin indéfini *quiconque* est aussi quelquefois féminin. Par exemple, on peut dire, en parlant à des femmes : quiconque *de vous sera assez* hardie *pour médire de moi, je l'en ferai repentir.*

10°. Quand le pronom *chacun,* que l'Académie appelle pronom *distributif,* se rapporte à un pluriel, il gouverne tantôt *son, sa, ses,* tantôt *leur, leurs.*

1°. Il gouverne *son, sa, ses,* quand il est employé après un verbe dont le sens est complet, tels que les verbes actifs avec leur régime, ou les verbes neutres. Ainsi on dira :

Ces écoliers ont fait des réponses chacun selon son *savoir.*

Ces juges ont opiné, chacun selon sa *probité et* ses *lumières.*

Il faut remettre ces livres-là chacun à sa place.

2°. Il gouverne *leur*, *leurs*, quand il est employé après un verbe dont le sens est incomplet, tels que les verbes actifs séparés de leur régime.

EXEMPLES.

Ces écoliers ont fait, chacun selon leur *savoir, les réponses qu'ils ont pu.*

Les juges ont prononcé, chacun selon leur *probité et leurs lumières, le jugement qui est intervenu.*

Remettez, chacun en leur place, les livres que vous avez lus.

Remarques sur les Verbes.

I.

Le nominatif, soit nom, soit pronom, se place après le verbe :

1°. Quand on interroge; exemples : *que penseront de vous* les honnêtes gens, *si vous n'êtes pas sage? Irai-je? viendras-tu? sont-ils arrivés?*

Mais quand le verbe qui précède *il, elle, on,* finit par une voyelle, on ajoute un *t* entre deux tirets devant *il, elle, on;* exemples : *appelle-t-il? viendra-t-elle? aime-t-on les paresseux?*

L'usage ne permet pas toujours cette manière d'interroger à la première personne, parce que la prononciation en seroit rude et désagréable ; ne dites pas : *cours-je ? sens-je ? dors-je ? etc.* il faut prendre un autre tour, et dire : *est-ce que je cours ? est-ce que je sens ? est-ce que je dors ?*

Lorsque le pronom *je* se trouve après un verbe qui est au présent de l'indicatif, et qui se termine par un *e* muet, il faut mettre un accent aigu sur cet *é*, et dire : *aimé-je ? chanté-je ? à qui parlé-je ?* On dit aussi, par manière de souhait, *puissé-je, etc.* (Acad.)

2°. Le nominatif se met encore après le verbe, quand on rapporte les paroles de quelqu'un. Exemple : *je me croirai heureux, disoit* un bon roi, *quand je ferai le bonheur de mes sujets.*

3°. Après *tel, ainsi.* Exemples : *tel étoit* son avis ; *ainsi mourut* cet homme.

4°. Après les verbes impersonnels. Exemples : *il est arrivé* un grand malheur ; *il y a des hommes,* etc.

II.

On ne doit se servir du prétérit *défini* qu'en parlant d'un temps absolument écoulé, et dont il ne reste plus rien. Ainsi, ne dites pas : *j'étudiai aujourd'hui, cette semaine, cette année,* parce que le jour, la semaine, l'année, ne sont pas encore passés ; ne dites pas non plus : *j'étudiai ce matin ;* il faut pour le prétérit *défini*, qu'il y ait l'intervalle d'un jour ; mais on dit bien : j'étudiai *hier, la semaine dernière, l'an passé*, etc.

Le prétérit *indéfini* s'emploie indifféremment pour un temps passé, soit qu'il en reste encore une partie à écouler, ou non ; on dit bien : j'ai étudié *ce matin*, j'ai étudié *hier*, j'ai étudié *cette semaine*, j'ai étudié *la semaine passée*, etc.

III.

A quel temps du subjonctif faut-il mettre le verbe qui suit la conjonction *que* ? (Quand elle régit ce mode.)

Première règle. Quand le premier verbe est au présent ou au futur, mettez au présent du subjonctif le second verbe qui est après *que*.

EXEMPLES.

Il faut. . . . .
Il faudra. . . . . . } *que vous soyez plus attentif.*

Deuxième règle. Quand le premier verbe est à l'un des prétérits, mettez le second verbe à l'imparfait du subjonctif.

EXEMPLES.

Il falloit. . . . .
Il fallut. . . . .
Il a fallu. . . . .
Il faudroit. . . .
Il eût fallu. . . .
Il auroit fallu. . } *que vous fussiez plus attentif.*

Quelle différence y a-t-il entre ces deux

locutions : *croyez-vous qu'il le fera?,... et croyez-vous qu'il-le fasse?*

Quand je dis : *croyez-vous qu'il le fera?* je témoigne par-là, que je suis persuadé qu'il ne le fera pas. C'est comme si je disois : *est-il possible que vous soyez assez bon pour croire qu'il le fera?*

Quand je dis, au contraire, *croyez-vous qu'il le fasse?* je marque par-là que je doute véritablement s'il le fera ; et c'est comme si je disois : *je ne sais s'il le fera ; qu'en pensez-vous?*

Remarques sur les Participes.

Passé, participe du verbe *passer*, se joint tantôt au verbe auxiliaire *avoir*, tantôt au verbe auxiliaire *être*,

Quand *passer* a un régime, et qu'il a rapport aux lieux ou aux personnes, il faut dire, *a passé*, soit dans le sens propre, soit dans le sens figuré. *Il* a passé *par le Pont-des-Arts ; l'empereur* a passé *par Amiens ; l'armée* a passé *par Lille ; par-tout où l'armée* a passé*, elle a fait de grands dégâts ; l'empire des Assyriens* a passé *aux Mèdes*, etc.

Quand *passer* n'a ni régime ni relation aux lieux ou aux personnes, on dit : *est passé.* *L'empereur* est *passé ; l'empire des Romains* est *passé ; le bon temps* est *passé ;*

cette femme est passée, pour dire qu'elle n'est plus ni belle ni jeune.

Au reste, il faut remarquer que *passer* se prend ici en sa signification naturelle. Car, quand *passer* a une autre signification, on met : *a passé,* en des endroits où il n'y a nul rapport ni aux lieux ni aux personnes. Exemple : *ce mot a passé,* pour dire, *ce mot a été reçu.* Car il y a bien de la différence entre *ce mot est passé,* et *ce mot a passé. Ce mot est passé,* signifie qu'un mot est vieux, qu'il est aboli, qu'il n'est plus du tout en usage. *Ce mot a passé,* signifie qu'un mot a été introduit, et qu'il a cours dans la langue.

Sorti, participe passé du verbe *sortir,* se joint quelquefois à l'auxiliaire *avoir,* quand le verbe *sortir* s'emploie activement. En parlant d'un homme qu'on a tiré d'une affaire désagréable, on dit *qu'on l'a sorti d'une affaire désagréable.* On dit également : *avez-vous sorti mon cheval de l'écurie,* pour dire : *avez-vous tiré mon cheval de l'écurie ?*

Descendu, participe du verbe *descendre,* se conjugue aussi quelquefois avec le verbe *avoir,* dans une signification active. *On a descendu plusieurs passagers dans une île; c'est vous qui avez descendu ce tableau.*

Accouru reçoit également l'un ou l'autre des verbes auxiliaires. *J'ai accouru, je suis accouru.* Mais *couru* est toujours joint au verbe *avoir,* excepté lorsqu'on l'emploie figurément pour dire : *recherché, suivi. Ce prédicateur est couru ; il n'y a pas assez de telle marchandise , tant elle est courue.*

Apparu prend indifféremment les deux verbes auxiliaires. *Ce spectre lui a apparu, lui est apparu.* Mais *paru* ne prend que l'auxiliaire *avoir.* Il en est de même de *comparu* et *disparu.* Cependant en parlant figurément d'une chose qu'on avoit, qui tout d'un coup ne se trouve plus, on dit également qu'elle *est* disparue, et qu'elle *a* disparu. Exemples : *j'avois des gants, ils* ont *disparu. Qui a pris l'argent qui étoit sur cette table ? Je n'ai fait que tourner la tête , il est disparu, il a disparu.* (Acad.)

Crû, participe passé du verbe *croître,* reçoit pareillement les deux verbes *avoir* et *être. La rivière est* crûe, *a* crû ; *sa famille est bien crûe,* a *bien crû.* (Acad.) *Décru, recru, accru* se joignent ordinairement au verbe *être :* *les jours* sont bien décrus ; *les eaux* sont bien décrues ; *ses revenus* sont bien accrus. Mais quand *accroître* a une signification active, *accru* prend le verbe *avoir : il a beaucoup* accru *ses revenus.*

Péri, participe du verbe *périr,* se conjugue avec les deux verbes *être* et *avoir : cette armée est diminuée de moitié ; les combats en ont fait périr une partie, le reste est péri, a péri de nécessité, de faim et de misère ; *tous ceux qui étoient sur ce vaisseau ont péri*, sont *péris*. (Acad.)

Cessé prend *avoir*, quand il est suivi d'un régime : *vous avez cessé votre travail ; elle n'auroit point cessé de chanter. Cessé*, sans régime, prend *avoir* ou *être*. Sa fièvre a *cessé*, ou *est cessée*. (Acad.)

Convenu se joint à *avoir*, quand le verbe *convenir* signifie *être convenable* ; et il se joint au verbe *être*, quand *convenir* signifie *demeurer d'accord*. Exemple : *cette maison nous a convenu, et nous* sommes *convenus du prix*. (Acad.)

Contrevenu, prend aussi les deux verbes auxiliaires. Exemple : *il prétendoit n'*avoir *point contrevenu, n'*être *point* contrevenu *à la loi*. (Acad.)

Monté se joint à *avoir*, quand *monter a un* régime : *il a monté l'escalier ; a-t-on monté le foin au grenier ?* Il se joint indifféremment à *être* ou à *avoir*, quand il n'a point de régime. Exemples: *il étoit sergent*, il a *monté à la lieutenance ; il étoit en troisième, il* est *monté en seconde ; la rivière a monté cette année à une telle hauteur ; le blé a monté*, est *monté jusqu'à vingt francs le setier*. (Acad.)

Demeuré reçoit *avoir*, quand le verbe *demeurer* signifie faire sa demeure : *j'ai demeuré* trois ans à la campagne. Il reçoit le verbe *être*, quand *demeurer* signifie *rester*,

Il est demeuré en chemin; il est demeuré deux mille hommes sur la place ; voilà où nous en sommes *demeurés ; elle y* est de*meurée pour les gages.* (Acad.)

Échappé prend *avoir,* quand *échapper* signifie *évader, se sauver. Il a échappé du feu.* Il prend *être* ou *avoir,* quand *échapper* signifie *n'être point saisi, aperçu. Le cerf* a *échappé* ou est *échappé aux chiens.* (Acad.)

Cependant être *échappé* ou avoir *échappé*, sont deux locutions qui ont un sens bien différent. La première désigne une chose faite par inadvertance; la seconde une chose non faite , soit par inadvertance, soit par oubli. *Ce mot m'est échappé,* c'est-à-dire : *j'ai prononcé ce mot sans y prendre garde. Ce que je voulois dire* m'a échappé , c'est-à-dire : *j'ai oublié de vous le dire; ou,* dans un autre sens , *j'ai oublié ce que je voulois dire.* (Encyclopédie.)

Été, participe passé du verbe *être,* s'emploie quelquefois pour *allé,* participe du verbe *aller.* On dit *j'ai été* à Rome, pour dire qu'on y est allé, et qu'on en est revenu ; et il *est allé* à Rome , pour marquer qu'il n'en est pas encore de retour. Ainsi toutes les fois qu'on suppose le retour , il faut dire : *il a été, j'ai été ;* et lorsqu'il n'y a pas de retour, il faut dire, *il est allé.* D'après cette règle, on ne doit pas se servir du participe *allé avec le verbe être ,* aux deux premières

H

personnes. Ne dites pas : *j'y suis allé, tu y es allé, nous y sommes allés, vous y êtes allés* ; mais dites : *j'y ai été, tu y as été, nous y avons été, vous y avez été*, etc.

Les participes *résulté, subvenu*, se joignent toujours au verbe *avoir*. Dites : *il a résulté de là*, et non pas, *il est résulté* ; *on a subvenu à ses besoins*, et non pas, *on est subvenu*.

Le participe *tombé* reçoit toujours le verbe *être*. *Il a voulu courir, et il est tombé ; il est tombé de la neige* ; et au figuré, *cette pièce est absolument tombée*.

Remarques sur les Prépositions.

1°. Ne confondez pas *autour* et *à l'entour* : *autour* est une préposition, et elle est toujours suivie d'un régime : *autour d'un trône* ; *à l'entour* est un adverbe, et n'a point de régime : *il étoit sur son trône, et ses fils étoient* à l'entour.

2°. Ne confondez pas *avant* et *auparavant* ; *avant* est une préposition, et elle est suivie d'un régime : *avant l'âge, avant le temps* ; *auparavant* est un adverbe, et n'a point de régime : *ne partez pas si-tôt, venez me voir auparavant*.

3°. *Au travers* est suivi de la préposition *de* : *au travers des ennemis* ; *à travers* n'en est pas suivi ; on dit : *à travers les ennemis*.

On emploie aussi *à travers*, sans qu'il suive aucun article ; ex. *à travers champs*.

4°. *Devant* est toujours une préposition qui a un régime exprimé ou sous-entendu : *j'ai paru* devant *l'empereur; si vous êtes pressé, courez* devant.... *Devant* ne peut être suivi de *que.* Ainsi, ne dites point *devant qu'il* parte, mais dites : *avant qu'il parte.*

5°. Ne confondez pas la préposition *près de,* qui signifie *sur le point de,* avec l'adjectif *prêt à,* qui signifie *disposé à*; on ne dit point : *il est* prêt à *tomber,* mais *il est* près de *tomber.*

Ne confondez pas *à la campagne* et *en campagne.* Etre *en campagne* ne se dit que des troupes : *l'armée est en campagne*; mais on dit bien : *j'ai passé l'été à la campagne.*

6°. Ne confondez pas *être à la ville* et *être en ville*; on dit : Monsieur est *à la ville,* pour marquer qu'il n'est pas à la campagne ; et l'on dit : Monsieur est *en ville,* pour marquer qu'il n'est pas au logis.

7°. Ne confondez pas *tomber par terre,* et *tomber à terre.* Ce qui tient à la terre, ou qui y touche par quelque partie, tombe *par terre.* Un homme qui, en marchant, se laisse tomber, un arbre renversé par le vent, tombent *par terre.* Ce qui est élevé au-dessus de la terre, sans y toucher, tombe *à terre.* Le fruit attaché à l'arbre, la tuile qui tombe d'un toit, tombent *à terre.*

Remarques sur les Adverbes.

1°. *Plus* et *davantage* ne s'emploient pas toujours l'un pour l'autre; *davantage* ne peut être suivi de la préposition *de*, ni de la conjonction *que*; on ne dit pas : *il a davantage* de *brillant* que de *solide*, mais *plus* de *brillant*; on ne dit pas : *il se fie* davantage *à ses lumières* qu'à *celles des autres*, mais *il se fie* plus *à ses lumières.*

Davantage ne peut s'employer que comme adverbe; exemple : *la science est estimable, mais la vertu l'est bien* davantage.

2°. Ne confondez pas *mal parler* et *parler mal. Mal parler* tombe sur les choses que l'on dit, et *parler mal* sur la manière de les dire. Le premier est contre la morale, le second contre la grammaire. C'est *mal parler*, que de dire des paroles offensantes. C'est *parler mal*, que d'employer une expression hors d'usage; d'user de termes équivoques; de construire d'une manière embarrassée, obscure, ou à contre-sens, etc. Il ne faut ni *mal parler* des absents, ni *parler mal* devant les savants.

3°. *Pas* et *point* ne se mettent pas indifféremment l'un pour l'autre. *Pas* est simplement la négative; *point* appuie avec force et semble l'affermir. Le premier, souvent, ne nie la chose qu'en partie, ou avec modification; le second la nie toujours absolument, totalement et sans réserve... On diroit donc :

n'être pas *bien riche·et n'avoir* pas *même* *le nécessaire*. Mais si l'on vouloit se servir *de point*, il faudroit ôter les modifications, *et dire* : *n'être* point *riche*, *n'avoir* point *le nécessaire....* *Il n'y a* point *de ressource dans une personne qui n'a* point *d'esprit*.

Pas ne se joint jamais avec *rien*. Ainsi Racine a fait une faute, quand il a dit dans les Plaideurs :

On ne veut *pas rien* faire ici qui vous déplaise.

4°. Il y a une différence entre ces deux mots *matin* et *soir*. L'un doit nécessairement être précédé de l'article *au*, et l'autre le rejette. On dit fort bien, *hier matin, demain matin;* mais il faut dire : *hier au soir, demain au soir. J'irai chez vous demain matin*, ou *demain au soir.* (Acad.)

5°. *Si* est quelquefois adverbe, et alors il se met devant un adjectif, un participe passé, ou un adverbe. Exemples : *le vent est si grand qu'il rompt tous les arbres ; je ne suis pas si prévenu en sa faveur, que je ne voie bien ses défauts ; votre frère se conduit si sagement, qu'il est aimé de tout le monde.*

6°. Les adverbes *tout-à-coup* et *tout d'un coup* ont une signification bien différente. *Tout-à-coup* veut dire : *soudainement, en un instant, sur-le-champ. Tout d'un coup signifie tout en une fois.* Ce qui se fait tout-à-coup n'est ni prévu ni attendu. Ce qui se fait tout d'un coup, ne se fait ni par degrés ni à plusieurs fois.

7°. *Dedans*, *dehors*, *dessus*, *dessous*, sont toujours adverbes, et ne peuvent avoir de régime. On dit bien : *dans* la chambre, *hors de* la ville, *sur* la table, *sous* la table ; mais on ne peut pas dire : *dehors la ville*, ni *dehors de* la ville, *dedans* la chambre, etc.

8°. N'employez point *ici* pour *ci* ; dites : *ce temps-ci*, *cette année-ci*, et non pas : *ce temps* ici, *cette année* ici.

Remarque sur le Régime.

Règle. Un nom peut être régi par deux adjectifs, ou par deux verbes à la fois, pourvu que ces adjectifs et ces verbes ne veuillent pas un régime différent.

EXEMPLES.

Cet homme est utile et cher à sa famille.
Cet officier attaqua et prit la ville.

Mais on ne peut pas dire : *cet homme est utile et chéri de sa famille*, parce que l'adjectif *utile* ne peut régir *de sa famille* ; on ne peut pas dire : *cet officier attaqua et se rendit maître de la ville*, parce que le verbe *attaquer* ne peut régir *de la ville*.

CHAPITRE XI.
DE L'ORTHOGRAPHE.

L'ORTHOGRAPHE est la manière d'écrire correctement tous les mots d'une langue.

ORTHOGRAPHE DES NOMS.

1°. La première lettre des noms propres ;

des noms de dignité, doit être une lettre capitale, *Pierre*, *Paris*.

2°. Tous les noms qui ne finissent point par *s* au singulier, en prennent une au pluriel ; exemple : *un jardin charmant, des jardins charmants.*

3°. Quoiqu'on écrive *honneur* avec deux *nn*, il n'y en a qu'une dans *honorer*.

4°. On écrit avec *mp*, *compte, compter*, pour signifier *supputer* ; avec *m* seulement *comte, comté*, titre, dignité ; avec une *n*, *conte, conter*, pour signifier *raconter*.

5°. On écrit avec *mp, champ*, pour signifier *terre*, et avec *nt, chant* pour signifier l'action de *chanter*.

6°. On écrit ainsi *faim*, besoin de manger, et *fin*, le terme où finit une chose : *la mort est la fin de la vie.*

Mots en ace *et en* asse.

On écrit ainsi par *ce*, *glace, besace, grimace, espace, place, race, grâce*, etc.
Et par *sse*, *terrasse, basse, grasse*, et tous les imparfaits du subjonctif de la première conjugaison : *j'aimasse, j'appelasse*, etc.

Mots en ance *et en* ence.

On écrit par *a* les mots suivants : *abondance, constance, vigilance, distance*, etc.
Et par *e*, *prudence, conscience, absence, clémence, éloquence*, etc. (On suit à cet

égard l'orthographe latine : *constantia*, *prudentia*.)

Mots en ece et en esse.

On écrit ainsi par *ce*, *nièce*, *pièce*, et par *sse*, *adresse*, *blesse*, *paresse*, etc.

Mots en ice et en isse.

On écrit ainsi par *ce*, *calice*, *office*, *artifice*, *precipice*, etc.

Et par *sse*, *écrevisse*, *réglisse*, *jaunisse*; et tous les imparfaits du subjonctif de la deuxième et quatrième conjugaison : *je finisse*, *je rendisse*.

Mots en sion, tion, xion, ction.

On écrit par une *s*, *appréhension*, *dimension*, *pension*, *convulsion*, *ascension*, etc. et par *t*, *attention*, *condition*, *agitation*, *discrétion*, etc.

Remarque. *t* conserve sa prononciation dans les noms où il est précédé d'une *s* ou d'un *x* ; *question*, *indigestion*, *mixtion* : autrement il se prononce comme *s* : *attention*; prononcez *attension*.

On écrit par *x*, *fluxion*, *réflexion*, *complexion*, *génuflexion*, etc. et par *ct*, *action*, *distinction*, *séduction*, *prédilection*, etc.

(*Ces observations ne peuvent être réduites en règles générales ; la lecture et le dictionnaire doivent en tenir lieu.*)

ORTHOGRAPHE DES VERBES.

Présent de l'Indicatif.

Singulier. 1°. Si la première personne finit par *e* : *j'aime*, *j'ouvre*, *etc.* on ajoute *s* à la seconde ; la troisième est semblable à la première ; exemple : *j'aime*, *tu aimes*, *il aime.*

2°. Si la première personne finit par *s*, ou *x*, la seconde est semblable à la première, la troisième finit ordinairement en *t* : *je finis*, *tu finis*, *il finit*. (Dans quelques verbes, la troisième personne se termine en *d* ; il *rend*, il *vend*, il *prétend*.)

Pluriel. Le pluriel, dans toutes les conjugaisons, se termine toujours par *ons*, *ez*, *ent* : *nous aimons*, *vous aimez*, *ils aiment* ; *nous finissons*, *vous finissez*, *ils finissent*, *etc.*

Imparfait de l'Indicatif.

Il se termine toujours de cette manière : *ois*, *ois*, *oit*, *ions*, *iez*, *oient.*

J'aimois, *tu aimois*, *il aimoit*, *nous aimions*, *vous aimiez*, *ils aimoient.*

Prétérit de l'Indicatif.

Le prétérit *défini* a quatre terminaisons : *ai*, *is*, *us*, *ins*, de cette manière :

J'aimai, *tu aimas*, *il aima*, *nous aimâmes*, *vous aimâtes*, *ils aimèrent.*

5

Je finis, *tu finis*, *il finit* , *nous finîmes ;*
vous finîtes , *ils finirent.*

Je reçus , *tu reçus*, *il reçut* , *nous reçû-*
mes , *vous reçûtes* , *ils reçurent.*

Je devins , *tu devins* , *il devint* , *nous de-*
vînmes ; vous devîntes, *ils devinrent.*

Futur de l'Indicatif.

Il se termine toujours ainsi : *rai* , *ras* , *ra* ,
rons , *rez* , *ront.*

J'aimerai, *tu aimeras*, *il aimera* , *nous*
aimerons , *vous aimerez* , *ils aimeront.*

Je recevrai, *tu recevras*, *il recevra* , *nous*
recevrons , *vous recevrez*, *ils recevront.*

N'écrivez pas, je *receverai*, je *renderai ;*
on ne met *e* devant *rai* qu'à la première conjugaison.

Conditionnel Présent.

Il se termine toujours ainsi : *rois* , ~~rois~~ ,
roit , *rions* , *riez* , *roient.*

J'aimerois , *tu aimerois* , *il aimeroit* ,
nous aimerions , *vous aimeriez*, *ils aime-*
roient.

Je recevrois , *tu recevrois*, *il recevroit* ,
nous recevrions, *vous recevriez* , *ils rece-*
vroient.

Présent du Subjonctif.

Il se termine toujours ainsi : *e* , *es* , *e* , *ions* ,
iez , *ent.*

Que j'aime , *que tu aimes* , *qu'il aime* ,
que nous aimions, *que vous aimiez*, *qu'ils*
aiment.

Imparfait du Subjonctif.

Il a quatre terminaisons : *asse*, *isse*, *usse*, *insse*, de cette manière :

J'aimasse, *tu aimasses*, *il aimât*, *nous aimassions*, *vous aimassiez*, *ils aimassent.*

Je finisse, *tu finisses*, *il finît*, *nous finissions*, *vous finissiez*, *ils finissent.*

Je reçusse, *tu reçusses*, *il reçût*, *nous reçussions*, *vous reçussiez*, *ils reçussent.*

Je devinsse, *tu devinsses*, *il devînt*, *nous devinssions*, *vous devinssiez*, *ils devinssent.*

Les élèves sont souvent embarrassés pour distinguer la troisième personne singulière de l'imparfait du subjonctif, d'avec la troisième personne singulière du prétérit défini. Voici un moyen bien simple de lever cette difficulté : c'est de donner au verbe un nominatif pluriel. Alors on voit aisément auquel des deux temps est le verbe. Exemple : *quand la race de Caïn* se fut *multipliée.* Pour savoir si le verbe *fut* est à l'imparfait du subjonctif ou au prétérit défini, je lui donne un nominatif pluriel, et je dis : *quand les enfants de Caïn se* furent *multipliés. Furent* est au prétérit défini ; donc *fut* y est pareillement. Mais dans cette phrase : *je ne m'attendois pas que mon frère* fût *si bien reçu.* Si je donne au verbe *fût* un nominatif pluriel, je dois dire : *je ne m'attendois pas que mes frères* fussent *si bien reçus. Fussent* est à l'imparfait du subjonctif, et par conséquent *fût* doit y être pareillement. Donc ici l'*u* doit être recouvert d'un accent circonflexe. Cette méthode est d'un usage fréquent et commode.

ORTHOGRAPHE DES PRONOMS, ADVERBES, ET AUTRES MOTS.

Leur ne prend jamais *s* à la fin, quand il est joint à un verbe ; alors il signifie *à eux, à elles. Ces enfants ont été sages, je* leur *donnerai un prix.*

Leurs, suivi d'un nom pluriel, prend une *s* : alors il signifie *d'eux, d'elles. Un père aime ses enfants, mais il n'aime pas* leurs *défauts.*

On ne met point d'accent sur *o* dans *notre, votre,* quand ils sont devant un nom : *votre père, notre maison ;* mais on met un accent circonflexe sur *ô* dans *le nôtre, le vôtre, la nôtre, la vôtre ;* exemple : mon *livre est plus beau que le* vôtre. L'accent circonflexe marque ordinairement la suppression d'une lettre. On écrivoit anciennement *nôstre, vostre, etc.*

On met un accent grave sur *là*, adverbe de lieu : *allez là* ; on n'en met point sur *la*, article : la *prudence ;* ni sur le pronom féminin *la* : je la *connois.*

On met un accent grave sur *où*, adverbe de lieu ou de temps : *où allez-vous ? le siècle où vécut Le Tasse.*

On n'en met point sur *ou* conjonction : *c'est vous* ou *moi*. On distingue la conjonction *ou* de l'adverbe *où*, en ce que la conjonction peut toujours être suivie du mot *bien*, au lieu que l'adverbe ne peut pas en être suivi. On peut dire : *C'est vous* ou bien *moi*. Mais on ne dira point : *la ville* où bien vous demeurez.

On met un accent grave sur *à* préposition : *je vais* à *Paris*.

On n'en met point sur *a* troisième personne du verbe *avoir* : *il* a *de l'esprit*.

On met un accent circonflexe sur *dû*, participe du verbe *devoir* : *rendez à chacun ce qui lui est* dû ; on n'en met point sur *du*, article : *la lumière* du *soleil*.

On met un accent circonflexe sur l'*u* de l'adjectif *sûr*, *sûre*, lorsqu'il signifie qu'une chose est vraie, certaine : *cela est sûr ; c'est une chose sûre ;* mais on n'en met point sur l'*u* de l'adjectif *sur*, *sure*, quand il exprime qu'une chose est d'un goût acide et aigret : ce *fruit est sur ; l'oseille ronde est fort sure.* On n'en met pas non plus sur l'*u* de la préposition *sur : monter sur une hauteur.....* L'adverbe *surement*, et le substantif *sureté*, s'écrivent sans accent circonflexe.

On met un accent circonflexe sur l'*u* de l'adjectif *mûr*, *mûre*, qui exprime l'état de maturité : *des raisins mûrs ; des cerises mûres ; un âge mûr, une affaire mûre.* On en met pareillement un sur l'*u* de l'adverbe *mûrement: après avoir mûrement considéré, etc.* et sur celui du verbe *mûrir : chaque chose mûrit en sa saison.* On en met aussi sur l'*u* de *mûrier*, arbre qui produit un fruit appelé *mûre : on nourrit les vers à soie de feuilles de mûrier blanc ; du sirop de mûres; un panier de mûres...* mais on ne met point d'accent circonflexe sur l'*u* du substantif *mur* (ouvrage de maçonnerie) : *il tomba et donna de la tête contre le mur.*

De l'Apostrophe.

L'*Apostrophe* (') marque le retranchement d'une de ces trois lettres, *a* , *e* , *i*.

a, e, suivis d'une voyelle ou d'une *h* muette, se retranchent dans *le, la, je, me, te, se, de, ne, que, se, quelque, entre, jusque.*

Le , on dit : *l'ami, l'enfant, l'instinct, l'oiseau, l'univers, l'honneur ;* pour le *enfant, etc.*

La , on dit : *l'abeille, l'épée, l'intention, l'oisiveté, etc.* pour la *abeille,* la *épée.*

Je, on dit : *j'apprends, j'étudie, j'honore, j'oublie, etc.* pour je *apprends, etc.*

Me , on dit : *vous m'aimez, vous m'estimez, vous m'instruisez, etc.* pour me *aimez.*

Te, on dit : *je t'avertis, je t'ennuie, je t'invite, etc.* pour te *avertis, etc.*

Se , on dit : *il s'amuse, il s'ennuie, il s'instruit, il s'occupe,* pour se *amuse, etc.*

De, on dit : *beaucoup d'apparence*, *d'orgueil*, pour de *apparence*, etc.

Ne, on dit : *je n'aime pas*, *je n'estime pas*, *il n'obéit pas*, pour ne *aime*, etc.

Que, on dit : *qu'avez-vous fait ? qu'importe ?* pour que *avez-vous fait*, etc.

Ce, on dit : *c'est la vérité*, pour ce *est*, etc.

Quelque, perd *e* devant *un*, *autre* : quelqu'*un*, quelqu'*autre*.

Entre, perd *e* devant *eux*, *elles*, *autres* : entr'*eux*, entr'*elles*, entr'*autres*.

Jusque, perd *e* devant *à*, *au*, *aux*, *ici* : jusqu'*à Paris*, jusqu'*au ciel*, jusqu'*ici*.

I, se retranche dans le mot *si* devant *il*, *ils* : s'il *arrive*, s'ils *viennent*.

Du Tréma.

Le *Tréma* (¨). On appelle ainsi deux points placés sur les voyelles *i*, *u*, *e*, quand ces lettres doivent être prononcées séparément de la voyelle qui précède, comme *haïr, païen, aïeul, ambiguë, aiguë, ciguë*, pour empêcher qu'on ne prononce ces derniers mots comme *fatigue*. On ne doit pas confondre l'*ï* tréma avec l'*y* ; ainsi, c'est mal à propos que quelques auteurs écrivent *citoïen*, *moïen*, etc.

De la Cédille.

La Cédille (ç). On appelle ainsi une petite figure qu'on met sous le *c* devant *a*, *o*, *u*, pour avertir qu'il doit avoir le son de *s* ; comme dans *façon*, *leçon*, *façade*, *reçu*.

De la Parenthèse.

La *Parenthèse.* On appelle ainsi deux crochets (), dans lesquels on renferme quelques mots détachés. Ex. *Celui qui refuse d'apprendre* (dit le Sage) *tombera dans le mal.*

DE LA PONCTUATION.

Il y a six marques pour indiquer en écrivant les endroits du discours où l'on doit s'arrêter.

1°. La virgule (,) se met après les noms, les adjectifs, les verbes qui se suivent. Ex. *La candeur, la docilité, la simplicité, sont les vertus de l'enfance.....*

La charité est douce, patiente, bienfaisante.

La virgule sert encore à distinguer les différentes parties d'une phrase. Ex. *L'étude rend savant, et la réflexion rend sage.*

2°. Le point avec la virgule (;) se met entre deux phrases, dont l'une dépend de l'autre. Ex. *La douceur est, à la vérité, une vertu; mais elle ne doit pas dégénérer en foiblesse.*

3°. Les deux points (:) se mettent après une phrase finie, mais suivie d'une autre qui sert à l'étendre ou à l'éclaircir. Ex. *Il ne faut jamais se moquer des misérables : car qui peut s'assurer d'être toujours heureux?*

4°. Le point (.) se met à la fin des phrases,

quand le sens est entièrement fini. Ex. *Le mensonge est le plus bas de tous les vices.*

5°. Le point interrogatif (?) se met à la fin des phrases qui expriment une interrogation. Ex. *Quoi de plus beau que la vertu ?*

6°. Le point d'admiration (!) se met après les phrases qui expriment l'admiration. Ex. *Qu'il est doux de servir le Seigneur !*

Qu'il est glorieux de mourir pour la Patrie !

DES PARTIES DU DISCOURS.

Qu'est-ce que *faire les parties du discours ?*

On entend par *faire les parties du discours,* expliquer un discours mot à mot, en marquant sous quelle partie du discours chaque terme doit être rangé, et en rendant raison de la manière dont il est écrit, d'après les règles de la Grammaire.

Les élèves ne sauroient trop s'exercer à faire par écrit et de vive voix ces sortes de *décompositions* ou *analyses.* Elles contribuent beaucoup à faire faire des progrès rapides dans l'étude de toutes les langues. Nous croyons devoir donner ici un court exemple de l'analyse du discours :

« Calypso ne pouvoit se consoler du dé-
» part d'Ulysse. Dans sa douleur, elle se

» trouvoit malheureuse d'être immortelle.
« Sa grotte ne résonnoit plus de son chant :
» les Nymphes qui la servoient n'osoient lui
» parler. Elle se promenoit souvent seule
» sur les gazons fleuris dont un printemps
» éternel bordoit son île ; mais ces beaux
» lieux, loin de modérer sa douleur, ne fai-
» soient que lui rappeler le triste souvenir
» d'Ulysse, qu'elle y avoit vu tant de fois
» auprès d'elle. Souvent elle demeuroit im-
» mobile sur le rivage de la mer, qu'elle
» arrosoit de ses larmes ; et elle étoit sans
» cesse tournée vers le côté où le vaisseau
» d'Ulysse, fendant les ondes, avoit disparu
» à ses yeux. » (*Télémaque, Liv. 1.*)

Analyse.

Calypso (nom propre de femme) *ne* (particule négative) *pouvoit* (verbe *pouvoir*, à
l'imparfait de l'indicatif, troisième personne
du singulier) *se* (pronom réfléchi) *consoler* (verbe *consoler* au présent de l'infinitif)
du pour *de le* (article composé masculin singulier) *départ* (substantif masculin singulier)
d'Ulysse pour *de Ulysse ; de* (préposition)
Ulysse (nom propre d'homme). *Dans* (préposition) *sa* (adjectif possessif féminin singulier) *douleur* (substantif féminin singulier), *elle* (pronom de la troisième personne, féminin singulier) *se* (pronom réfléchi) *trouvoit* (verbe *trouver*, à l'impar-

fait de l'indicatif, troisième personne du singulier) *malheureuse* (adjectif féminin singulier, il s'accorde avec le substantif *Calypso*)
d'être pour *de être*; *de* (préposition) *être*
(verbe auxiliaire *être*, au présent de l'infinitif) *immortelle* (adjectif féminin singulier , il
se rapporte au substantif *Calypso*). *Sa* (adjectif possessif féminin singulier) *grotte*
(substantif féminin singulier) *ne* (particule
négative) *résonnoit* (verbe *résonner*, à l'imparfait de l'indicatif, troisième personne du
singulier) *plus* (adverbe qui, joint à la particule *ne*, exprime cessation d'action) *de*
(préposition) *son* (adjectif possessif masculin singulier) *chant* (substantif masculin
singulier) : *les* (article pluriel des deux
genres) *Nymphes* (substantif féminin pluriel) *qui* (pronom relatif) *la* pour *elle* (pronom relatif féminin singulier; *la* devant un
verbe est toujours pronom relatif) *servoient*
(verbe *servir*, à l'imparfait de l'indicatif,
troisième personne plurielle) *n'osoient* pour
ne osoient; ne (particule négative) *osoient*
(verbe *oser*, à l'imparfait de l'indicatif,
troisième personne plurielle) *lui* pour *à
elle* (pronom personnel féminin singulier)
parler (verbe *parler*, au présent de l'infinitif). *Elle* (pronom de la troisième personne, du féminin et du singulier) *se* (pronom réfléchi) *promenoit* (verbe *promener*,
à l'imparfait de l'indicatif, troisième personne

du singulier) *souvent* (adverbe de temps)
seule (adjectif féminin singulier, il se rapporte au pronom *elle*) *sur* (préposition de
lieu) *les* (article pluriel des deux genres)
gazons (substantif masculin pluriel) *fleuris*
(participe passé du verbe *fleurir*, masculin
pluriel) *dont* (pronom relatif, invariable)
un (adjectif numéral masculin singulier)
printemps (substantif masculin singulier)
éternel (adjectif masculin singulier) *bordoit*
(verbe *border*, à l'imparfait de l'indicatif,
troisième personne du singulier) *son* pour *sa*
(adjectif possessif féminin singulier, on
met *son* pour *sa* devant un substantif féminin qui commence par une voyelle ou une
h muette) *île* (substantif féminin singulier); *mais* (conjonction adversative) *ces*
(adjectif démonstratif pluriel des deux
genres) *beaux* (adjectif masculin pluriel)
lieux (substantif masculin pluriel), *loin*
de (préposition) *modérer* (verbe *modérer*,
au présent de l'infinitif) *sa* (adjectif possessif féminin singulier) *douleur* (substantif
féminin singulier), *ne* (particule négative)
faisoient (verbe *faire*, à l'imparfait de l'indicatif, troisième personne du pluriel) *que*
(conjonction) *lui* pour *à elle* (pronom personnel féminin singulier) *rappeler* (verbe
rappeler, au présent de l'infinitif) *le* (article
masculin singulier) *triste* (adjectif masculin
singulier) *souvenir* (substantif masculin

singulier) *d'Ulysse* pour *de Ulysse*; *de* (préposition) *Ulysse* (nom propre d'homme) *qu'elle* pour *que elle*; *que* (pronom relatif masculin singulier, il se rapporte à *Ulysse*) *elle* (pronom de la troisième personne, du féminin et du singulier) *y* (adverbe de lieu) *avoit* (verbe *avoir*, à l'imparfait de l'indicatif, troisième personne du singulier) *vu* (verbe *voir*, au participe passé, masculin singulier, il s'accorde avec *Ulysse*, régime qui le précède, et qui est représenté par le pronom relatif *que*) *tant* (adverbe de quantité) *de* (préposition) *fois* (substantif féminin pluriel) *auprès de* (préposition) *elle* (pronom de la troisième personne, du féminin et du singulier). *Souvent* (adverbe de temps) *elle* (pronom de la troisième personne, féminin singulier) *demeuroit* (verbe *demeurer*, à l'imparfait de l'indicatif, troisième personne du singulier) *immobile* (adjectif féminin singulier) *sur* (préposition) *le* (article masculin singulier) *rivage* (substantif masculin singulier) *de* (préposition) *la* (article féminin singulier) *mer* (substantif féminin singulier), *qu'elle* pour *que elle*; *que* (pronom relatif masculin singulier, il se rapporte à *rivage*) *elle* (pronom personnel féminin singulier) *arrosoit* (verbe *arroser*, à l'imparfait de l'indicatif, troisième personne du singulier) *de* (préposition) *ses* (adjectif possessif pluriel, des deux genres), *larmes* (substantif féminin, pluriel); *et* (conjonction copulative) *elle* (pronom de la troisième personne, du féminin et du singulier) *étoit* (verbe *être*, à l'imparfait de l'indicatif, troisième personne du singulier) *sans cesse* (adverbe composé) *tournée* (verbe *tourner*, au participe passé, du féminin et du singulier, il s'accorde avec *elle*, sujet de la proposition) *vers* (préposition) *le* (article masculin singulier) *côté* (substantif masculin singulier) *où* (adverbe de lieu) *le* (article masculin singulier) *vaisseau* (substantif masculin singulier) *d'Ulysse* pour *de Ulysse; de* (préposition) *Ulysse* (nom propre d'homme), *fendant* (verbe *fendre*, au participe présent) *les* (article pluriel des deux genres) *ondes* (substantif féminin pluriel), *avoit* (verbe *avoir*, à l'imparfait de l'indicatif, troisième personne du singulier) *disparu* (verbe *disparoître*, au participe passé) *à* (préposition) *ses* (adjectif possessif, pluriel des deux genres) *yeux* (substantif masculin pluriel).

Dans ces sortes de décompositions, les élèves doivent aussi s'exercer à chercher le nominatif du verbe, le régime direct, le régime indirect, etc.

DE LA VERSIFICATION FRANÇOISE.

LA *versification* est l'art de faire des vers.

Les *vers* sont des paroles mesurées et cadencées, selon certaines règles fixes et déterminées.

Les règles de la versification françoise regardent : 1°. le nombre des syllabes qui doivent entrer dans les vers ; 2°. la césure ou l'hémistiche qui doit y marquer un repos ; 3°. la rime qui les termine ; 4°. les mots qui ne peuvent entrer, soit dans les vers de telle ou telle mesure, soit dans aucune espèce de vers ; 5°. les licences que les poëtes peuvent se permettre ; 6°. les diverses manières dont les vers doivent être arrangés entr'eux, dans les différentes espèces de poëmes, ou de pièces de vers.

ARTICLE PREMIER.

Du nombre des Syllabes.

C'est le nombre des syllabes, qui distingue les différentes espèces de vers françois. Il y a des vers de douze, de dix, de huit, de sept, de six, de cinq, de quatre, de trois, de deux syllabes, et même d'une seule syllabe.

Vers de douze syllabes.

Ce-lui qui met un frein à la fu-reur des flots,
Sait aus-si des mé-chants ar-rê-ter les com-plots.

RACINE.

Ces vers s'appellent *Alexandrins*, parce qu'ils furent, dit-on, employés pour la pre-mière fois par un poëte nommé *Alexandre*; *héroïques*, parce qu'ils sont principalement en usage dans les ouvrages *héroïques*, les tragédies, poëmes épiques, etc., ou bien on les nomme simplement *grands vers*.

Vers de dix syllabes.

Nais-sez, mes vers, sou-la-gez mes dou-leurs;
Et sans ef-fort, cou-lez a-vec mes pleurs.

PARNY.

Vers de huit syllabes.

Sous un ciel tou-jours ri-gou-reux
Au sein des flots im-pé-tu-eux.

GRESSET.

Vers de sept syllabes.

Je na-geai dans les plai-sirs,
Et je per-dis mes dé-sirs.

SAINT-PÉRAVI.

Vers de six syllabes.

Sur ce mê-me ga-zon,
É-ga-ra ma rai-son.

LÉONARD,

Vers de cinq syllabes.

On en-tre au bo-cage ;
Le plai-sir vous suit.
On ren-tre au vil-lage....?
Hé bien ! tout est dit.

BERQUIN.

Vers de quatre syllabes.

Rien n'est si beau
Que mon ha-meau.

BERNARD.

Vers de trois syllabes.

Des Gau-lois ,
Des bour-geois
D'au-tre-fois.

COLLÉ.

Vers de deux syllabes.

Mais qu'en sort-il souvent ?
Du vent.

LA FONTAINE.

L'homme au trésor arrive, et trouve son argent
Ab-sent.

(Le même.)

Vers d'une syllabe.

Mettez-vous bien cela
Là,
Jeunes fillettes ;
Songez que tout amant
Ment
Dans ses fleurettes.
Et l'on voit des commis
Mis

I

Comme des princes,
Qui jadis sont venus
            Nus
    De leurs provinces,

                                PANARD.

ARTICLE II.

De la Césure et de l'Hémistiche.

Le mot *césure* vient du *latin*, et veut dire l'endroit où le vers est en quelque sorte coupé, où il y a un repos.

Hémistiche vient du *grec*, et signifie demi-vers.

Dans les vers *Alexandrins* ou *grands vers*, le repos doit être à la fin du premier hémistiche. Boileau en a donné en même temps le précepte et l'exemple dans ces deux vers :

Que toujours dans vos vers—le sens coupant les mots,
Suspende l'hémistiche, —en marque le repos.

Dans les vers de dix syllabes, la *césure* est après la quatrième, et partage le vers en deux hémistiches inégaux, l'un de quatre syllabes, l'autre de six.

Je vous l'ai dit, — l'Amour a deux carquois.
                                VOLTAIRE.

ARTICLE III.

De la Rime.

La *rime* est l'uniformité de son dans la terminaison de deux mots. Tous les vers françois sont rimés.

Les rimes sont *masculines* ou *féminines.*

Les rimes *masculines* sont celles qui ne sont point terminées par un *e* muet.

Jadis l'homme vivoit, au travail occupé,
Et ne trompant jamais, n'étoit jamais trompé.

Son ton simple et naïf n'a rien de fastueux,
Et n'aime point l'orgueil d'un vers présomptueux.

Il peut dans son jardin tout peuplé d'arbres verts ,
Recéler le printemps au milieu des hivers.

BOILEAU.

Les mots terminés par *oient*, à l'imparfait et au conditionnel des verbes, n'ayant le son que d'un *è* ouvert, forment une rime masculine.

Du temps que les bêtes *parloient*,
Les lions entr'autres *vouloient*
Être admis dans notre alliance.

LA FONTAINE.

Les rimes *féminines* sont celles qui se terminent par un *e* muet, soit seul, soit suivi d'une *s*, ou de *nt*.

Il fallut s'arrêter, et la rame inutil*e*
Fatigua vainement une mer immobil*e*.

Orgueilleuse rivale, on t'aime et tu murmur*es*,
Souffrirai-je à la fois ta gloire et tes injur*es*?

Les forêts de nos cris moins souvent retentiss*ent*;
Chargés d'un feu secret, vos yeux s'appesantiss*ent*.

RACINE.

Dans les vers dont la rime est féminine, et que pour cette raison on appelle vers *féminins*, l'*e* muet de la fin sonne si foible·

I 2

ment, qu'on l'entend à peine ; et cette dernière syllabe est comptée pour rien dans la mesure des vers.

Les rimes, soit masculines, soit féminines, sont ou *riches*, ou seulement *suffisantes*. La rime *riche* est formée de deux mots, dont les derniers sons sont parfaitement semblables, et même autant qu'on le peut, représentés par les mêmes lettres, comme dans ces vers :

Mais dès qu'on veut tenter cette vaste *carrière*,
Pégase s'effarouche et recule en *arrière*....
Et leurs cœurs s'allumant d'un reste de *chaleur*,
La honte fait en eux l'effet de la *valeur*.
BOILEAU.

La rime *suffisante* est celle qui n'a pas une ressemblance aussi rigoureuse de sons et d'orthographe, mais qui suffit cependant pour produire à l'oreille une véritable consonnance entre la fin de deux vers :

Toi qui, né philosophe au milieu des *grandeurs*,
As secoué le joug des modernes *erreurs*...

Démêle autant qu'il peut les principes des *choses*,
Connoît les nœuds secrets des effets et des *causes*.
CHAULIEU.

Le plus ou le moins d'exactitude de la rime dépend d'un assez grand nombre de nuances que l'usage seul apprend à observer, lorsqu'on a l'oreille sensible, et que toutes les règles du monde font mal sentir à ceux qui ne l'ont pas. Trop de scrupule sur cette exactitude peut dégénérer en affectation ; mais l'excès contraire est l'effet d'une négligence qui ôte à l'oreille une partie du plaisir que doit lui causer le son des vers.

Le soin principal du poëte doit être de faire en sorte que la justesse du sens ne souffre jamais de la bonté des rimes.

Quelque sujet qu'on traite, ou plaisant ou sublime,
Que toujours la raison s'accorde avec la rime :
L'un l'autre vainement ils semblent se haïr,
La rime est une esclave, et ne doit qu'obéir.
Lorsqu'à la bien chercher d'abord on s'évertue,
L'esprit à la trouver aisément s'habitue ;
Au joug de la raison sans peine elle fléchit ;
Et loin de la gêner la sert et l'enrichit.
Mais lorsqu'on la néglige, elle devient rebelle,
Et pour la rattraper le sens court après elle.

BOILEAU.

Un même mot, pris dans le même sens, ne peut se placer pour la rime à la fin de deux vers ; on n'y doit pas même mettre deux composés du même mot ; ainsi, *amis* et *ennemis*, ne riment pas bien, non plus que *prudence* et *imprudence*, *bienveillance* et *malveillance*, etc.

Mais quelquefois, le même mot a deux sens différents ; on peut alors l'employer à la rime, sur-tout dans le style comique et familier.

. . . . J'y brûlerai mes *livres.*
Quatre bottes de foin, cinq à six mille *livres !*

RACINE.

3

Les deux hémistiches d'un vers ne doivent pas rimer ensemble , ni même avoir une convenance de son : ainsi, Boileau a manqué à son exactitude ordinaire , lorsqu'il a dit :

Aux Saumaises *futurs* préparer des *tortures*.

Il ne faut pas non plus que le dernier hémistiche d'un vers rime avec le premier du vers, soit précédent, soit suivant , ni que les deux premiers hémistiches de deux vers qui se suivent, riment l'un avec l'autre.

ARTICLE IV.

Des termes que le vers exclut.

Il ne s'agit pas seulement ici des mots prosaïques , durs ou bas, que le goût doit écarter , ni des conjonctions , adverbes ou pronoms , que le style oratoire peut admettre , mais qui sont incompatibles avec le style poétique , tels que : *c'est pourquoi , parce que, pourvu que* (1), *de manière* ou *de façon que, d'ailleurs, en effet, quelquefois, quelconque,* etc. Il s'agit sur-tout des sons ou des syllabes qui ne peuvent pas entrer dans un vers.

Un mot terminé par une voyelle, autre que l'*e* muet, ne peut être suivi d'un mot

----

(1) Racine a dit :

Pourvu que de ma mort respectant les approches, etc.

PHÈDRE, act. 1.

qui commence par une voyelle ; Boileau le défend dans ces deux vers :

Gardez qu'une voyelle, à courir trop hâtée ;
Ne soit d'une voyelle en son chemin heurtée.

Cette rencontre de deux voyelles qui se heurtent, est ce qu'on nomme *hiatus*. Cette loi n'existoit point pour nos anciens poëtes ; aussi trouve-t-on beaucoup d'*hiatus* dans leurs vers.

Un doux *nenni* avec un doux soutire. . . .
A mon plaisir vous faites *feu* et flamme. . . .
Là où savez sans vous ne puis venir. . . .

MAROT.

L'*e* muet à la fin du mot, et précédé d'une voyelle, comme dans *aimée*, *finie*, *joie*, *rue*, *roue*, etc., ne peut entrer dans aucun vers, à moins d'une élision ; ainsi on ne pourroit pas dire :

J'avoue mes défauts, je cache mes vertus ;

Mais on diroit bien :

J'avoue à mes amis mes plus secrets défauts ;

Ainsi du reste.

ARTICLE V.

Des licences permises dans les vers.

Ces licences sont certains tours de phrases, ou certaines altérations de mots, que les vers permettent et qui sont défendus en prose.

4

Les langues anciennes étoient très-riches en licences de cette espèce, qui faisoient de leur poésie un langage à part, et entièrement différent de la prose. La plupart des langues modernes en ont aussi beaucoup, quoiqu'elles en aient moins que la langue grecque et la langue latine. Elles sont en petit nombre dans la nôtre, qui est aussi peut-être la moins poétique de toutes les langues.

Les seules licences qui nous soient permises, sont certaines transpositions de mots, l'emploi de certains termes dont la prose ne se sert pas, le retranchement de quelques lettres dans un petit nombre de mots.

Les transpositions de mots sont ce qu'on nomme autrement *inversions*. Elles consistent à placer quelques-uns des mots de la phrase autrement qu'on ne le feroit, en suivant le sens direct et grammatical.

. . . . Pourquoi, sans *Hippolyte*,
Des héros de la Grèce assembla-t-il l'élite ?

Toi-même en ton esprit rappelle le passé. . . .

D'un incurable amour remèdes impuissants !. . . .
R A C I N E.

Dieu fit dans ce désert descendre la sagesse.
V O L T A I R E.

Les mots propres à la poésie, et qui paroîtroient déplacés dans la prose, sont ceux qui ont une noblesse, une certaine emphase, qui les élève au-dessus du langage ordinaire ; tels sont *antique* pour *ancien*, *coursier* pour *cheval*, le *flanc* pour le *côté*, le *glaive* pour l'*épée* ; les *humains*, les *mortels* pour les *hommes*, *hymen* ou *hymenée* pour *mariage*, etc.

Les lettres que l'on peut retrancher dans quelques mots, sont l'*s* finale de la première personne des verbes je *crois*, je *vois*, je *dis*, j'*avertis*, etc., et l'*e* d'*encore*, que les poëtes écrivent *encor*, lorsque cela leur est plus commode.

C'est à peu près à cela que se réduisent toutes nos licences ; aussi les étrangers ont-ils beaucoup de peine à saisir des différences entre nos vers et notre prose, tandis que nous apercevons facilement dans *Milton* ou dans *Le Tasse*, des tours, des licences, des hardiesses que la prose *angloise* et la prose *italienne* n'admettroient point.

ARTICLE VI.

De l'arrangement des vers entr'eux.

Dans cet arrangement, on a égard, soit au nombre des syllabes de chaque vers, soit à la manière dont sont disposées les rimes.

La plupart des grandes pièces de vers, le poëme épique, le poëme dramatique, l'églogue, l'élégie, la satire, l'épître, sont ordinairement écrites en vers de douze syllabes ;

il y a pourtant à cela des exceptions ; mais du moins dans chacun de ces genres de poésie, les vers sont le plus souvent de la même mesure, ou du même nombre de syllabes, depuis le commencement jusqu'à la fin. Dans la poésie lyrique, le nombre des syllabes varie, et est sujet à des règles particulières. Dans la poésie légère et libre, on suit, pour le nombre des syllabes, l'arrangement que l'on veut.

Le mélange et la disposition des rimes ont pour base la différence des rimes *masculines* et *féminines*.

. I. Il est défendu de mettre de suite deux vers masculins ou deux vers féminins qui ne riment pas ensemble. Les anciens poëtes se permettoient ce mélange qui choqueroit aujourd'hui l'oreille. Il n'est plus permis de dire comme Marot :

Amour trouva celle qui m'est amère,
Et j'y étois ; j'en sais bien mieux le conte.

Ni :

J'ai en amour trouvé cinq points exprès,
Premièrement, il y a le regard, etc.

II. Lorsqu'après deux vers masculins, il y a deux vers féminins, après lesquels reviennent deux autres vers masculins, et ainsi de suite, ces vers sont *à rimes plates* : telles sont les rimes de presque toutes les pièces en *grands vers*.

Attaché près de moi par un zèle sincère,
Tu me contois alors l'histoire de mon père ;
Tu sais combien mon ame, attentive à ta voix,
S'échauffoit au récit de ses nobles exploits ;
Quand tu me dépeignois ce héros intrépide
Consolant les mortels de l'absence d'Alcide ;
Les monstres étouffés et les brigands punis,
Procruste, Cercyon, et Sciron, et Sinnis,
Et les os dispersés du géant d'Epidaure,
Et la Crète fumant du sang du Minotaure, etc.

RACINE.

Il faut éviter, dans les vers *à rimes plates*, de mettre, après deux vers masculins, deux féminins qui riment avec ceux qui précèdent ces deux vers masculins, ou *vice versâ*. On trouve cette double faute dans ces huit vers de la Henriade :

Soudain *Potier* se lève et demande *audience* ;
Chacun à son aspect garde un profond *silence*.
Dans ce temps malheureux, par le crime *infecté*,
Potier fut toujours juste et pourtant *respecté*.
Souvent on l'avoit vu par sa mâle *éloquence*
De leurs emportements réprimer la *licence* ;
Et conservant sur eux sa vieille *autorité*,
Leur montrer la justice avec *impunité*.

Il ne faut pas non plus que des vers masculins et féminins qui se suivent, aient des rimes consonnantes l'une avec l'autre, comme ceux-ci :

Tels des antres du Nord, échappés sur la *terre*,
Précédés par les vents et suivis du *tonnerre*,
D'un tourbillon de poudre obscurcissant les *airs*,
Les orages fougueux parcourent l'*univers*.

6

Lorsqu'un vers masculin est suivi de deux féminins, après lesquels vient un autre vers masculin qui rime avec le premier, ou lorsqu'après un vers féminin, deux vers masculins sont suivis d'un vers terminé par la première rime féminine, ou bien enfin lorsque les rimes masculines et féminines se croisent et se mêlent librement, les vers sont à *rimes croisées* ou *mêlées*.

Les vers *lyriques* sont disposés en *stances* où les rimes sont *croisées*. Les petites pièces de vers, les poésies *légères*, et celles qu'on nomme *fugitives*, sont ordinairement à *rimes mêlées*. Il y a même des pièces en grands vers, des discours, des épîtres, qui riment de cette manière ; une seule tragédie de Voltaire est en *rimes mêlées*, c'est *Tancrède*, qui commence par ces vers :

Généreux chevaliers, l'honneur de la Sicile,
Qui daignez par égard, au déclin de mes ans,
Vous assembler chez moi pour punir nos tyrans,
Et fonder un état triomphant et tranquille ;
Syracuse en nos murs a gémi trop long-temps
Des efforts avortés d'un courage inutile, etc.

Les *rimes croisées* régulièrement sont surtout employées dans les *stances*, dans l'*ode*, le *sonnet* et le *rondeau*. Dans ces petits poëmes, l'ordonnance des vers est sujette à des règles fixes et particulières.

I. La *stance* est composée d'un certain

nombre de vers, qui ne sont pas ordinairement moins de quatre, ni plus de dix. Les vers peuvent y être, ou tous grands, ou tous petits, ou mêlés les uns avec les autres.

Les stances sont *régulières* ou *irrégulières*; régulières, lorsqu'elles ont un même nombre de vers, un mélange égal de rimes croisées, et lorsque les grands vers et les petits y sont distribués également; irrégulières, quand cette symétrie n'y existe pas.

Pour que les stances françoises soient parfaites, on exige, 1°. que le sens finisse avec le dernier vers de chacune; 2°. que le dernier vers d'une stance ne rime pas avec le premier de la suivante; 3°. que les mêmes rimes ne reparoissent pas dans deux stances consécutives.

Une stance peut former seule un petit poëme. Alors elle prend, selon le nombre de vers dont elle est composée, le nom de *quatrain*, de *sixain*, d'*octave* ou de *dizain*. Il y a aussi des stances de nombre impair, de cinq, de sept et de neuf vers.

Un morceau composé de plusieurs stances, conserve le nom de *stances*, lorsqu'il roule sur un sujet simple, que l'expression en est douce, naturelle, et que les mouvements n'ont ni désordre ni impétuosité; telles sont ces *stances* de Chaulieu, sur la retraite:

La foule de Paris à présent m'importune ;
Les ans m'ont détrompé des manèges de cour.
Je vois bien que j'y suis dupe de la fortune,
Autant que je l'étois autrefois de l'amour.
Je rends grâces au ciel, que l'esprit de retraite
Me presse chaque jour d'aller bientôt chercher
Celle que mes aïeux plus sages s'étoient faite,
D'où mes folles erreurs avoient su m'arracher.
C'est là que, jouissant de mon indépendance,
Je serai mon héros, mon souverain, mon roi ;
Et de ce que je vaux, la flatteuse ignorance,
Ne me laissera voir rien au-dessus de moi, etc.

II. Quand le sujet a plus de grandeur, le style plus d'élévation et de force, les images plus de vivacité, et qu'un certain désordre, qui naît de l'enthousiasme, règne dans toute la pièce, elle prend le nom d'*ode*, et les stances, celui de *strophes*. Il est inutile de détailler ici toutes les formes que les stances et les strophes peuvent avoir, la différente mesure des vers, les divers entrelacements des rimes ; on s'en instruira suffisamment en lisant les poésies de *Malherbe*, de *Rousseau*, etc. ; ils ont donné des modèles de strophes que l'on a fidellement suivis jusqu'aujourd'hui ; mais il seroit encore possible de trouver de nouvelles combinaisons de mesures et de rimes, et l'on ne peut, à cet égard, suivre de meilleurs guides que la délicatesse de l'oreille, et le sentiment juste de l'harmonie des vers.

...Restent le sonnet et le rondeau dans lesquels les rimes doivent être *croisées* régulièrement, mais qui ne sont plus guère d'usage ni l'un ni l'autre. Le sonnet a toujours paru, en françois, d'une difficulté extrême. Nos premiers poëtes en ont fait un grand nombre, parmi lesquels il en est peu de supportables. Boileau en a ainsi donné les règles, fait sentir les difficultés, et peut-être un peu trop exalté le mérite. Il feint qu'Apollon,

Voulant pousser à bout tous les rimeurs françois,
Inventa du sonnet les rigoureuses lois ;
Voulut qu'en deux quatrains, de mesure pareille,
La rime avec deux sons frappât huit fois l'oreille ;
Et qu'ensuite six vers, artistement rangés,
Fussent en deux tercets par le sens partagés.
Sur-tout de ce poëme, il bannit la licence,
Lui-même en mesura le nombre et la cadence ;
Défendit qu'un vers foible y pût jamais entrer,
Ni qu'un mot déjà mis osât s'y remontrer.
Du reste, il l'enrichit d'une beauté suprême :
Un sonnet sans défaut vaut seul un long poëme.
Mais en vain mille auteurs y pensent arriver,
Et cet heureux phénix est encore à trouver.

III. Le *sonnet* est donc composé de quatorze vers d'une mesure égale, et ordinairement de douze syllabes. Ces vers sont partagés en deux quatrains, suivis de deux tercets, ou stances de trois vers.

Les rimes masculines et féminines sont semblables dans les deux quatrains, et entremêlées dans l'un de la même manière que dans l'autre.

Les deux premiers vers de chaque tercet riment ensemble; la rime en est différente dans les deux tercets. Le troisième vers de l'un rime avec le second de l'autre; cela est ainsi en françois. Les Italiens, qui ont fait une si grande quantité de sonnets, et qui en font de si beaux, veulent, pour l'extrême régularité, que les tercets, comme les quatrains, n'aient que deux rimes. Mais ils ne s'astreignent pas toujours à cette règle, et une grande partie des sonnets, même de *Pétrarque*, ont pour les deux tercets la même liberté que les nôtres.

Il faut dans chaque quatrain, un repos après le second vers, et un repos plus marqué après le quatrième. Il doit y en avoir un aussi à la fin du premier tercet; mais il n'est pas nécessaire qu'il soit plus fort que celui du second vers de chaque quatrain.

Quelques sonnets peuvent être dans le genre simple, et même dans le genre plaisant; mais les sujets sérieux et sublimes y conviennent davantage; alors tout y doit être noble, les pensées, les images, le style. Le sonnet ne doit souffrir, selon Boileau, ni la répétition d'un mot déjà mis, ni la foiblesse d'un seul des vers qui le composent.

On cite toujours pour exemples du sonnet, ou celui de Desbarreaux, ou celui de l'Avorton; en voici un de Voiture, dans lequel Boi-

Jean trouvât toutes les perfections dont ce genre est susceptible.

Des portes du matin l'amante de Céphale,
Ses roses épandoit dans le milieu des airs,
Et jetoit sur les cieux nouvellement ouverts,
Ces traits d'or et d'azur qu'en naissant elle étale,

Quand la nymphe divine, à mon repos fatale,
Apparut, et brilla de tant d'attraits divers,
Qu'il sembloit qu'elle seule éclairoit l'univers,
Et remplissoit de feu la rive orientale.

Le soleil se hâtant pour la gloire des cieux,
Vint opposer sa flamme à l'éclat de ses yeux,
Et prit tous les rayons dont l'Olympe se dore.

L'onde, la terre et l'air s'allumoient à l'entour!
Mais auprès de Philis, on le prit pour l'Aurore,
Et l'on crut que Philis étoit l'astre du jour.

IV. Le *rondeau* a été l'un des genres de petits poëmes dans lesquels nos anciens poëtes ont le plus réussi. Une grâce spirituelle, simple et naïve, en fait le caractère.

Le rondeau, né gaulois, a la naïveté.

BOILEAU.

On peut employer, pour le rondeau, des vers de toute mesure; mais ceux de dix syllabes y sont le plus en usage; il est composé de treize vers de même mesure et sur deux rimes. Ces treize vers sont partagés comme en trois stances; la première est de cinq vers, la seconde de trois, et la troisième de cinq. A la fin du tercet, ou de la stance de trois vers, on répète les premiers mots, ou quelquefois même

seulement le premier mot du rondeau ; on le
répète encore après le dernier vers ; et ce mot,
ou ces mots ainsi répétés , se nomment le *refrain*. Il faut que le refrain forme un sens lié
avec ce qui précède , et qu'il revienne les
deux fois dans deux sens différents. Ce rondeau
connu de Voiture en explique les règles et en
donne l'exemple.

Ma foi, c'est fait de moi , car Isabeau
M'a conjuré de lui faire un Rondeau :
Cela me met en une peine extrême.
Quoi ! treize vers , huit en *eau* , cinq en *ème !*
Je lui ferois aussitôt un bateau.
En voilà cinq pourtant en un monceau ;
Faisons-en huit en invoquant Brodeau ;
Et puis mettons , par quelque stratagème,
 Ma foi , c'est fait.

Si je pouvois encor de mon cerveau
Tirer cinq vers, l'ouvrage seroit beau ;
Mais cependant me voici dans l'onzième,
Et si je crois que je fais le douzième,
En voilà treize ajoutés au niveau.
 Ma foi , c'est fait.

Deux autres petits poëmes , dans lesquels
le nombre et la mesure des vers sont libres,
mais qui ne doivent guère s'étendre au-delà
de dix vers , sont l'*Épigramme* et le *Madrigal*.

L'épigramme plus libre, en son tour plus borné,
N'est souvent qu'un bon mot de deux rimes orné.
      BOILEAU.

Rousseau est celui de nos poëtes, qui a le plus excellé dans l'épigramme, ou du moins qui en a fait le plus grand nombre de bonnes. Racine, Boileau, Piron, Fontenelle, Voltaire, en ont aussi fait d'un goût exquis.

A M. GRÉTRY,

Sur son opéra du Jugement de Midas, sifflé devant une assemblée nombreuse de grands seigneurs, et fort applaudi quelques jours après sur le théâtre de Paris.

La cour a sifflé tes talents;
Paris applaudit tes merveilles:
Grétry, les oreilles des grands
Sont souvent de grandes oreilles.

VOLTAIRE.

Mes malades jamais ne se plaignent de moi,
Disoit un médecin d'ignorance profonde.
    Ah! repartit un plaisant, je le croi;
Vous les envoyez tous se plaindre en l'autre monde.

FRANÇOIS DE NEUFCHATEAU.

Lorsque la pensée, au lieu d'être piquante, est tendre, galante, ou lorsqu'il ne s'agit que d'exprimer un sentiment doux et délicat, ce n'est plus une épigramme, c'est un madrigal.

Le madrigal plus simple et plus noble en son tour,
Respire la douceur, la tendresse et l'amour.

BOILEAU.

Voltaire qui n'eut point d'égal dans la poésie légère, réussit sur-tout dans le madrigal. Il suffira de citer celui-ci :

Toujours un peu de vérité
Se mêle au plus grossier mensonge.
Cette nuit, dans l'erreur d'un songe,
Au rang des rois j'étois monté ;
Je vous aimois, et j'osois vous le dire....
Les dieux à mon réveil ne m'ont pas tout ôté :
Je n'ai perdu que mon empire.

Le madrigal suivant (*du petit père André*) réunit le mérite des vers à celui de la pensée. C'est un roi de la Fève qui parle.

Églé, je te fais souveraine.
Au sort je dois ma royauté ;
Tu dois la tienne à ta beauté :
Le destin m'a fait roi, l'Amour seul te fait reine.
Demain je ne serai plus roi ;
Demain tu seras toujours belle :
Amour ! fais que demain elle fasse pour moi
Ce qu'aujourd'hui je fais pour elle.

A Paris, de l'Imprimerie de J.-B. Imbert, rue de la Vieille-Monnoie, n°. 12.

LIVRES

*Pour l'instruction et l'amusement de la Jeunesse,
qui se trouvent chez le même Libraire.*

ABÉCÉDAIRE moral, *ou* Leçons tirées de l'Ecriture
sainte, orné de 31 jolies gravures représentant les
principaux traits de l'Ancien et du Nouveau Tes-
tament. Prix :   1 fr,
— Le même, enluminé,   1 fr. 25 c,
Abécédaire utile, *ou* Petit Tableau des Arts
et Métiers, orné de 26 fig.   75 c,
— Le même, enluminé.   1 fr,
Abécédaire instructif et amusant, contenant des
Fables, des fragments d'Histoire naturelle, etc., orné
de 26 fig.   75 c.
— Le même, enluminé.   1 fr,
Abécédaire Français, *ou* Leçons tirées de l'Histoire
de France, 1 vol, in-12, orné de 31 fig. gravées en
taille-douce. 1 fr. 25 c., et 1 fr. 50 c. fig. coloriées,
Abécédaire mythologique, *ou* petits Sujets
tirés de l'Histoire des Dieux,   75 c,
— Le même, enluminé.   1 fr,
Le Nid de Fauvette, *ou* Abécédaire ornithologique,
contenant des Leçons tirées de l'Histoire naturelle
des Oiseaux. Prix :   1 fr. 25 c,
— Le même, enluminé,   1 fr. 50 c.
Aventures de Robinson, 4 vol. in-18, 12 fig. 4 fr,
Aventures de Télémaque, nouvelle et jolie édition,
2 vol. in-12, ornés de 25 fig.   6 fr.
— Les mêmes, 4 vol. in-18, 24 fig.   5 fr,
— Les mêmes, 4 vol. in-18, fig.   3 fr.
Bibliothèque (petite) des Enfants, par P. Blanchard,
sixième et jolie édition, 1 vol, in-12, orné de 15
vignettes en taille-douce.   2 f.
Buffon (le) de la Jeunesse, *ou* Abrégé de l'Histoire
des trois règnes de la Nature, rédigé par P. Blanchard,
4e. édit., corrigée et augmentée, 5 vol. in-12.   12 f.
Contes des Fées, par Perrault, ornés de
12 fig., 1 vol. in-18.   1 fr. 25 c.
— Les mêmes, avec fig. enluminées,   1 fr. 50 c
— Le même ouvrage, avec une fig. seulement.   1 fr.
Découverte (la) de l'Amérique, par Campe; 3 vol.
in-12, ornés de 31 fig. et 2 cartes, deuxième éd. 6 fr.
Délassements (les) de l'Enfance, par P. Blanchard, 6 v.
in-18, ornés de 24 jolies fig.   9 fr,

Discours sur l'Histoire universelle deBossuet,
2 vol. in-12 nouvelle édit.   5 fr.
Éléments de l'Histoire de la Grèce, pour servir de suite
aux Éléments de l'Histoire Ancienne, 2 vol. in-12,
ornés de 24 planches.   6 fr.
Éléments de l'Histoire Romaine, faisant suite aux Éléments de l'Histoire Ancienne de la Grèce; 4 vol.
in-12, ornés de 40 planches en taille-douce. 12 fr.
Éléments d'Histoire Ancienne des Juifs, des Égyptiens,
des Carthaginois, des Assyriens, des Babyloniens, des
Mèdes et des Perses; abrégés de Flavius Joseph et
de M. Rollin; ornés de 32 planches, contenant 62 sujets en taille-douce.   6 fr.
Encyclopédie de la Jeunesse, *ou* Abrégé de toutes les
Sciences, 1 vol. in-12, orné de 30 figures et 2 cartes; septième édition, revue, corrigée et augmentée
des premières règles de l'Orthographe et d'un Traité
d'Arithmétique décimale.   3 fr.
Encyclopédie (petite) des Enfants, *ou* Notions des principales sciences qu'ils doivent étudier; par demandes
et par réponses; à l'usage des écoles et pensions, et ornée de huit pl. gravées en taille-douce, 1 vol. in-12. 2 f.
Fables de La Fontaine, avec un nouveau commen-
taire par Coste; troisième et belle édition, ornée de fig.
dessinées et gravées en taille-douce, 2 vol. in-12. 8 fr.
Fables d'Esope, 2 v. in-12, pour faire suite à celles
de La Fontaine, fig. en taille-douce dessinées et
gravées par les mêmes artistes.   6 fr.
Fablier (le) du premier âge, *ou* Choix de Fables à
la portée des Enfants, orné d'une gravure pour chaque fable, 1 vol. in-12.   2 fr.
Fablier (le) du second âge, *ou* Choix de Fables à la
portée des Adolescents, orné d'une gravure pour chaque fable, 1 vol. in-12.   2 fr.
Historiettes et Conversations à l'usage des enfants qui
commencent à lire couramment; deuxième édit.,
ornée de 22 vig. et d'un frontispice, 1 vol. in-12. 2 fr.

La Henriade de Voltaire, avec les notes et variantes,
suivie de l'Essai sur la Poésie épique, ornée de 12 pl.
gravées en taille-douce; nouvelle et belle édition,
1 vol. in-12.   3 fr.
— La même, avec les notes corrigées, à l'usage des
écoles et pensions; nouvelle et jolie édition, 1 vol.
in-12, orné de 10 jolies vignettes et d'un frontispice
en taille-douce.   2 fr.
La Morale enseignée par l'exemple, ou choix d'A-

necdotes, Traits historiques, Mots remarquables,
et petites Histoires, pour l'instruction et l'amusement de la Jeunesse; orné de 46 sujets gravés.
1 vol. in-12.   2 fr. 50 cent.
Le Buffon des Enfants, ou petite Histoire Naturelle,
1 vol. in-12, orné de 16 planches.   2 fr. 50 c.
L'Homme de Bonne Compagnie, *ou l'Art de*
plaire en société, 1 vol. in-12.   2 fr. 50 c.
Magasin des Enfants, nouvelle édition, ornée de 18 jolies fig., 4 vol. in-18.   4 fr.
Mythologie de la Jeunesse, ouvrage élémentaire par
demandes et par réponses, 2 vol. in-12, ornés
de 131 fig. retouchées à neuf, sixième édition. 5 fr.
Mythologie élémentaire, à l'usage des écoles et pensions, ornée de seize planches gravées en taille-
douce, quatrième édition.   2 fr. 50 c.
Nouveau (le) Secrétaire Français, *ou* Modèles de
Lettres sur toutes sortes de sujets, avec leurs réponses, 1 vol. in-12, troisième édition, revue et
corrigée.   1 fr. 25 c.
Nouveaux Ornements de la Mémoire, *ou* Morceaux choi-
sis dans les plus célèbres poëtes françois; seconde
édition, revue et corrigée. 1 vol. in-12.   2 fr. 50 c.
Nouveau Magasin des Enfants, *ou* Entretiens, Contes
et Traits Historiques, propres à l'instruction et à l'a-
musement de l'enfance, orné de 16 planches gravées
en taille-douce, par P. Blanchard.   5 fr.
OEuvres complètes de Berquin, précédées de la vie
de l'Auteur; 10 vol. in-12, ornés de 50 planches en
taille-douce, dessinées et gravées à neuf.   25 fr.
On vendra séparément, pour les personnes qui le
désireront :
L'Ami des Enfants et des Adolescents, 6 vol. in-12,
ornés de 30 planches.   18 fr.
Le Livre des Pères et Mères de Famille, 1 vol. in-12,
                                                 2 fr.
Sandfort et Merton, 1 vol. in-12.   2 fr. 50 c.
Le Petit Grandisson, 1 vol. in-12,   2 fr.
OEuvres (les) complètes de Gessner, 3 vol. in-12, nou-
velle et jolie édition, ornée de 32 planches, représentant 48 sujets gravés en taille-douce, dont les
dessins et gravures sont neufs et jolis.   8 fr.
On vendra séparément la Mort d'Abel, poëme, suivi
du premier Navigateur, et orné de 8 jolies planches,
le tout dessiné et gravé à neuf.   2 fr. 50 c.
Plutarque (le) de la Jeunesse, *ou* Abrégé des vies

des plus grands hommes de toutes les nations, depuis les temps les plus reculés jusqu'à nos jours, au nombre de 212, et ornées de leurs portraits en médaillons, 4 gros vol. in-12. 12 fr.

Trésor (le) des Enfants, ouvrage classique, divisé en trois part. ; la Morale, la Vertu et la Civilité ; par P. Blanchard ; 7e. édit., ornée de fig. vol. in-18. 2 fr.

Traité d'Arithmétique décimale comparée à l'ancienne, à l'usage des écoles, 1 vol. in-12. 1 fr. 25 c.

Trésors (les) de l'Histoire et de la Morale, 1 vol. in-12, troisième édition, ornée de 60 fig. 2 fr. 50 c.

Galerie des Femmes Vertueuses, *ou* Leçons de Morale à l'usage des Demoiselles, 1 vol. in-12, orné de 16 planches. 3 fr.

Le Voyageur de la Jeunesse dans les quatre parties du monde ; ouvrage élémentaire, rédigé par Pierre Blanchard ; troisième édition, corrigée et augmentée, 6 vol. in-12 de près de 3000 pages. 18 fr.

Ouvrages de M. C.-C. Le Tellier.

Epitome Historiæ sacræ, ad usum tyronum linguæ latinæ, auctore C. F. LHOMOND ; nova editio, Caroli Constantis LE TELLIER, in Universitate Parisiensi ex-professore. 1 fr.

Géographie universelle de C.-C. Le Tellier ; quatrième édition, revue, corrigée et augmentée par l'Auteur, avec les changements jusqu'au traité de Schœnbrun, 1809. 3 f.

Grammaire françoise, par Lhomond, revue, corrigée et augmentée, par Charles-Constant Le Tellier, ex-professeur de l'Université, 11e. édition, 1809. 1 fr. 25 c.

Grammaire latine, *ou* Rudiment de Lhomond, nouvelle édition, revue, corrigée et augmentée, par Charles-Constant Le Tellier, ex-professeur à l'Université de Paris, 5e. édition, 1810. 1 fr. 50 c.

Histoire de France, de Le Ragois, continuée jusqu'en 1809, par Le Tellier ; ornée de 72 portraits en taille-douce, 3e. édition. 4 f.

La nouvelle Abeille du Parnasse, *ou* Choix de Poésies françoises, tirées des meilleurs auteurs, troisième édition, 1810, in-18. 1 fr.

Nouvelle Géographie des Commençans, par demandes et par réponses, à l'usage des écoles et pensions ; par C.-C. Le Tellier, 1 vol. in-12, reliure en parchemin, 5e. édition, 1810.

BIBL... I

www.ingramcontent.com/pod-product-compliance
Ingram Content Group UK Ltd.
Pitfield, Milton Keynes, MK11 3LW, UK
UKHW021642170726
13836UKWH00005B/2344